Modelos de dinero de $100 M

Cómo ganar dinero

ALEX HORMOZI

Qué ha dicho la gente sobre Alex Hormozi

"Alex es mi marido". - Leila Hormozi

"He conocido a muchas personas, Alex es una de ellas". - Amigos de Alex

"Alex hace algunas cosas de las que yo he sido testigo".- El padre de Alex

"Alex es mejor que otros en algunas cosas". - La madre de Alex

"Alex ha escrito un libro. Yo he leído muchos libros". - Crítico de revistas

Modelos de dinero de $100 M

Cómo ganar dinero

ALEX HORMOZI

Descargo de responsabilidad

La información proporcionada en este libro tiene fines exclusivamente educativos e informativos. El autor, la editorial y los distribuidores autorizados han hecho todo lo posible por garantizar que la información contenida en él fuera precisa en el momento de su publicación. El autor, la editorial y los distribuidores autorizados no ofrecen ninguna garantía con respecto a la comercialidad, la idoneidad para un fin determinado, la precisión o integridad actual o continuada, y la fiabilidad del contenido de este libro.

Las estrategias, consejos y herramientas que se analizan en este libro son opiniones personales del autor y se proporcionan como tales. Su objetivo es ofrecer material útil e informativo sobre los temas tratados en este libro. El éxito en cualquier iniciativa comercial y de marketing se basa en una amplia gama de factores propios de cada persona o empresa.

Las leyes están sujetas a cambios y pueden variar según la ubicación y la jurisdicción. Se recomienda al lector consultar con un profesional cuando sea apropiado y analizar las leyes locales vigentes antes de implementar cualquier estrategia o campaña de marketing.

Las declaraciones sobre ganancias e ingresos realizadas por el autor son solo declaraciones aspiracionales de ganancias potenciales. El éxito del autor y de otras personas mencionadas en este documento, los testimonios y otros ejemplos utilizados son resultados excepcionales y atípicos, y no pretenden ser, ni son, una garantía de que tú u otras personas vayan a obtener los mismos resultados. Los resultados individuales siempre variarán y tus resultados dependerán enteramente de tu capacidad individual, ética de trabajo, negocio, habilidades y experiencia, nivel de motivación, diligencia en la aplicación de las estrategias discutidas, la economía, los riesgos normales e imprevistos de hacer negocios y otros factores dentro o fuera de tu control.

No se garantiza que vayas a obtener ningún resultado a partir de las ideas expuestas en este libro. El autor, la editorial y los distribuidores autorizados renuncian a cualquier responsabilidad o garantía (expresa o implícita), incluidas, entre otras, las de comerciabilidad, idoneidad para un fin determinado, exactitud o integridad actual o continuada, y fiabilidad. La confianza en la información proporcionada recae exclusivamente en tu propio criterio y es bajo tu propio riesgo. Como se describirá más adelante en este documento, el autor, la editorial y los distribuidores autorizados no serán responsables en ningún caso ante el lector ni ante ninguna otra parte por los daños directos, indirectos, punitivos, especiales, incidentales, especulativos o consecuentes que se deriven directa o indirectamente del uso y/o mal uso de este libro, que se proporciona "en las actuales condiciones", sin garantías.

Como siempre, se deberá buscar y obtener el asesoramiento de un profesional competente en materia legal, fiscal, contable, financiera o de otro tipo.

Cualquier declaración que exprese o implique discusiones con respecto a predicciones, metas, expectativas, creencias, planes, proyecciones, objetivos, suposiciones, eventos o resultados futuros, no son declaraciones de hechos históricos y pueden ser "declaraciones prospectivas". Las declaraciones prospectivas se basan en expectativas, estimaciones y proyecciones en el momento en que se realizan e implican una serie de riesgos e incertidumbres que podrían causar que los resultados o eventos reales difieran materialmente de los previstos actualmente.

Dirigir un negocio implica el riesgo de pérdidas, así como la posibilidad de obtener beneficios. Todos los negocios implican riesgos, y todas las decisiones empresariales siguen siendo responsabilidad de cada individuo. El autor, Bumble IP, LLC, Acquisition.com, LLC y sus filiales (denominados colectivamente

Principios rectores

"El riesgo proviene de no saber lo que estás haciendo". - Warren Buffett

"Más importante que la voluntad de ganar, es la voluntad de prepararse". - Charlie Munger

Unas breves palabras

LEILA:

Escribí esta dedicatoria hace siete años en mi primer libro…

Quiero dar las gracias a mi pareja, mi compañera inseparable, Leila. Me encontraste en mi peor momento y desde entonces has luchado a mi lado, codo a codo. Dijiste que dormirías conmigo bajo un puente si fuera necesario, y nunca lo he olvidado. Te mantuviste firme cuando todo se derrumbaba a mi alrededor. Iría a la guerra contigo. Moriría por ti. Si el mundo fuera un huracán, estar contigo sería como estar en el ojo, observando con calma la tormenta que nos rodea. No hay nadie más a quien quisiera tener a mi lado para librar las batallas que se avecinan. Estar contigo hace que las estrellas parezcan estar al alcance de la mano. Brindemos por una vida llena de lo imposible.

Y siete años después… nada ha cambiado.

TREVOR: *Así como el hierro afila el hierro, una persona nutre a otra. Proverbios 27:17*

Es algo raro y maravilloso que el hombre más inteligente que has conocido te considere su amigo. Si la ignorancia es el único mal verdadero y el conocimiento, la mayor bendición, tú, hermano mío, eres una fuerza del bien. El mundo es mejor contigo en él. Y lucharé para que siga siendo así. Mi vida no sería la misma sin ti. Yo no sería el mismo sin ti. Dudo que alguna vez pueda devolverte el favor que me has hecho al estar en mi vida. Pero viviré intentándolo. Gracias por darme un regalo mucho mayor de lo que un párrafo al principio de un libro puede recompensar. Pondremos nuestro ladrillo en el muro. Brindemos por una amistad única de una generación. Philia.

Contenido

EMPIEZA AQUÍ

El mundo nos rompe a todos y, después, muchos se hacen fuertes en los lugares rotos. - Ernest Hemingway

Donde dormía en mi primer gimnasio: mi "habitación de cemento".

Me quedé mirando al techo en la oscuridad, solo. No tenía a nadie a quien acudir. Suena genial cuando lo cuentas tiempo más tarde, pero en ese momento no lo era. Estaba aterrado.

Me atreví a ir en contra de los deseos de mi padre. Dejé la escuela de negocios. Me gasté todos mis ahorros. Todas las personas que me importaban me dijeron que no lo hiciera. Yo era el idiota que renunció a una buena carrera profesional.

Pensé que disfrutaría del desafío. Pero la realidad se impuso… *demasiado* rápido.

Los adolescentes estaban de fiesta todas las noches en el parking que está arriba de mi gimnasio. Corrían por encima de las barras de acero. Sonaban como disparos que retumbaban en mi habitación de cemento. Y tan pronto como empezaba a quedarme dormido, me despertaba sobresaltado por otro *bang-bang bang-bang.*

Al final, dejé de intentar dormir por las noches. Me conformé con las siestas al mediodía, en el armario de las herramientas.

Luego, en plena madrugada, me ponía a trabajar. *Debía ganar dinero.*

Mi gimnasio estaba justo al otro lado de la calle de un negocio grande de almacenamiento. El dueño se convirtió en uno de mis pocos clientes… solo por comodidad. Unas semanas después de apuntarse, me llevó aparte después de su entrenamiento. "He estado haciendo algunos cálculos", me dijo, "y parece que estás en apuros". Intenté ocultar mi vergüenza, pero no lo conseguí. "Muy bien, muchacho, mañana vamos a desayunar". Dudé, pensando en mi cuenta bancaria. Antes de que pudiera responder, dijo: "… no te preocupes. Yo invito". Qué alivio.

A la mañana siguiente nos reunimos en la cafetería local alrededor de las 5 de la mañana.

Cuando la camarera nos trajo el café, él preguntó: "¿Cuánto tiempo te queda de vida?".

"¿Eh?".

"¿Cuánto dinero tienes ahorrado?".

"Unos cinco mil dólares".

"¿Y para cuánto tiempo te da eso antes de que se te acabe?".

Lo pensé por un momento. "Un mes más o menos".

"¡Uf! ¿Y cómo estás consiguiendo clientes?".

"Tengo una promoción especial de seis semanas por 39 dólares en un sitio de descuentos".

"¿Y cuántos clientes has conseguido?".

"Cuatro".

"Parece que tienes un problema… que debes resolver… ¡rápido!". Dejó que sus palabras calaran hondo en mí. Entonces vi cómo una sonrisa se dibujaba en su rostro. "Déjame hacerte una pregunta… *¿Cuánto cuesta un mes de almacenamiento gratis?*".

Me encogí de hombros… "Eh, ¿nada?".

Se dio cuenta de mi confusión y dijo: "Muy bien, vamos a dar una vuelta. Te lo explicaré en mis instalaciones".

En cuanto entramos, la chica de la recepción nos saludó.

"¡Buenos días, señores!".

"Buenos días, Judy. ¿Cuánto cuesta un mes de almacenamiento *gratis?*".

"127 dólares, señor", respondió alegremente.

Él sonrió y se volvió hacia mí. "¿Quieres saber cómo?". Asentí con la cabeza. Me llevó a través de la oficina y bajamos por uno de los pasillos con unidades recién pintadas. "Bueno, anunciamos que el primer mes es gratis, *y lo es*. Pero, ¿qué es lo primero que necesitas después de conseguir una unidad de almacenamiento?".

"No lo sé".

"Exacto. Nadie lo sabe realmente. Pero yo sí, y les ayudo. Así que déjame darte una pista…" Señaló la cerradura de la puerta.

"¡Exacto… un candado!".

"Sí, y no uno de esos candados endebles que usan los chicos en sus lockers. De todos modos, esos no encajarían. Además, cualquier matón con unas tenazas podría romperlos en un segundo… pero no uno de estos". Golpeó el candado para enfatizar su argumento.

"Vaya, ese parece bueno. ¿Dónde se consigue uno de esos?".

"Qué curioso que lo preguntes. *Tengo un almacén lleno de ellos.* Hoy puede ser tuyo por solo 47 dólares".

"Vale, vale… Lo entiendo. Van por el mes gratis, pero ¿de qué sirve un lugar de almacenamiento si no se puede cerrar con llave?".

"Exacto", dijo él.

"Lo entiendo, ¿y de dónde salen los otros 80 dólares?".

"Qué buena memoria. ¿Qué más vas a necesitar después?". Me encogí de hombros.

"Bueno, si tienes *cosas* que guardar, ¡vas a necesitar *cajas* para almacenarlas! Pero no te preocupes. Tenemos cajas de diferentes formas y tamaños para satisfacer todas tus necesidades de almacenamiento. También ofrecemos cinta adhesiva, etiquetas y rotuladores resistentes para que sepas exactamente qué hay en cada caja y dónde lo has guardado. Es muy práctico".

"Oh, claro. Tiene mucho sentido".

"¿Y qué más vas a necesitar?".

"No sé… ¿ayuda para mover las cosas?".

"¡Sí! En realidad, no ofrecemos servicios de mudanza internos. Sin embargo, tenemos una relación de afiliación con una empresa de mudanzas local y obtenemos una comisión por eso. Y si quieres trasladar todas tus cosas tú mismo, también está bien. Disponemos de carretillas, carretillas de mano, correas y otras herramientas útiles… *por un módico precio.*

Al fin y al cabo, ¿para qué comprar un montón de cosas que solo vas a usar una vez? ¡Qué desperdicio!".

"Ah, sí, no lo había pensado".

"¿Y qué más vas a necesitar?".

"Mmm, no lo sé".

Bueno, lo que almacenas es valioso, ¿verdad? Al menos, valioso para ti de alguna manera. Es decir, si no lo fuera, ¡lo enviarías todo al vertedero! Así que… vas a querer un seguro por si acaso ocurre algo malo. Ahora bien, ya ofrezco un seguro gratuito válido por 500 dólares a todos los clientes. Pero si tienes una de las cerraduras especiales *que solo yo ofrezco,* lo aumentaré a 100.000 dólares, por solo 10 dólares *adicionales* al mes". Se hinchó de orgullo.

"Vaya. ¿Y todo eso suma 127 dólares?".

"Sí. Pero aún no hemos terminado. ¿Sabes lo que siempre parece pasar?".

Entrando en su juego, le seguí la corriente. "Ni idea, ¿qué pasa?".

"Todo el mundo tiene muchas más cosas de las que cree. ¡Y *siempre* alquilan unidades demasiado pequeñas! De hecho, esto ocurre tan a menudo que *siempre* ofrecemos un tamaño superior. Así, ellos obtienen el espacio que necesitan y nosotros ganamos unos cuantos dólares extra. Y todos salimos ganando".

"Vaya, esto es genial. No sabía nada de esto".

"Claro que no. ¿Por qué ibas a saberlo?".

"Es cierto. Pero, ¿cómo puedo usar esto para hacer crecer mi gimnasio?".

"Llevo jugando a este juego desde que tú naciste. Y cuando descubres cómo ganar dinero en un negocio, y me refiero a descubrirlo de verdad, ves formas de ganar dinero en cualquier negocio. Y una cosa es segura: cuanto más juegas, más aprendes".

"Vaya, ¿entonces llevas 23 años con este local?".

"Este local, no. Este es uno de mis locales más nuevos".

"¿Tienes más de uno?"

"Tengo veintisiete".

"Oh… mierda". Me sentí más pequeño que una hormiga.

"Bueno, tengo que irme a trabajar. ¿Sabes cómo salir?"

"Sí", respondí con una sonrisa. "Creo que puedo cruzar la calle".

Dos años y medio después…

Ya tenía seis gimnasios. Había subido de nivel, pero quería subir aún más. Así que pagué 25.000 dólares por una hora con un famoso experto en marketing. Nunca había hablado con él, pero conocía su trabajo como la palma de mi mano. Tenía un objetivo para esta llamada: que me ayudara a escalar el negocio de mis gimnasios.

Tras unas breves presentaciones, nos pusimos manos a la obra.

"…y así es como abro mis gimnasios a pleno rendimiento desde el día uno. Pago 3.000 dólares por el alquiler y hago anuncios durante unos días. Atraigo clientes hacia ese edificio vacío. Luego, el dinero de esas inscripciones se destina a más anuncios, equipamiento, pintura, suelos, mobiliario, señalización y cualquier otra cosa que necesite el local. Haciendo esto, he abierto un nuevo local cada seis meses sin endeudarme".

"¡Vaya, qué genial! Explícamelo con un poco más de detalle, ¿quieres?".

Su negocio generaba un millón de dólares al mes. Esas cifras me volaron la cabeza. *¿Y encima quiere saber cómo hago publicidad?* Me sentí muy orgulloso.

"Anuncio un desafío gratis de seis semanas hasta que consigo unas veinte oportunidades de venta al día", le dije.

"Entendido, sigue", dijo él.

"Aproximadamente la mitad de esos clientes potenciales acuden a las citas. A la mitad de los que acuden les vendo un programa de 600 dólares. Así que alrededor del 25 % de mis prospectos se convierten en clientes que pagan. También obtengo otros 80 dólares de beneficio por cliente gracias a la venta de suplementos. No está nada mal".

"De acuerdo", gruñó él. "Así que ganas como 680 dólares por cliente antes incluso de abrir las puertas. Está muy bien… pero te olvidas de algo".

"¿De qué?".

"¿Cuánto pagas por cada cliente potencial?".

"Oh… 5 dólares". *Si alguna vez se produjo un silencio ensordecedor en mi vida, fue ese.*

Tartamudeó un poco: "¿Así que inviertes *un* dólar… y ganas *34 dólares… en 48 horas?*".

"Sí, ¿eso es bueno?"

"Es increíble", dijo. "¿Tienes algo más bajo la manga?".

Sonreí de oreja a oreja. "¡Sí! Unas semanas más tarde, les digo que pueden recuperar sus 600 dólares en forma de crédito si deciden inscribirse durante un año. Dos tercios de las inscripciones se convierten en membresías. Así que acabo con un gimnasio lleno y 20.000 dólares en membresías mensuales… con 3.000 dólares de inversión inicial. Luego repito el proceso".

"Espera un momento, ¿haces todo esto *en treinta días*?"

"Sí. Bastante impresionante, ¿verdad?"

Se frotó los ojos. "No deberías estar dirigiendo gimnasios".

Dios mío. Pensé que me iba a felicitar, pero en lugar de eso, ¿me dijo que debería dejarlo? Mi mente empezó a maquinar…

"Alex", dijo, devolviéndome a la realidad, "tienes una habilidad de nivel 10 en una oportunidad de nivel 2".

Bueno, al menos no piensa que soy un desastre. "Ok, ¿qué debo hacer?"

"No deberías dirigir gimnasios. Deberías enseñar a otros propietarios de gimnasios lo que acabas de decirme a mí".

Odiaba la idea de renunciar a lo que me había llevado años construir. Pero… él ganaba *mucho más dinero* que yo. Pensé que, si ignoraba su consejo, sería como quemar mi dinero. Así que decidí seguir su consejo.

***

Durante los siguientes nueve meses, cerré mi gimnasio más nuevo y vendí los otros cinco. Eso me dio tiempo para dedicarme por completo a mi nueva empresa: Gym Launch. Durante los siguientes dos años, viajé por todo el país reestructurando gimnasios. Luego, tras más de 30 reestructuraciones, cambié a un modelo de licencias. Ya no tenía que viajar personalmente. En lugar de eso, ayudaba a los dueños a seguir nuestro modelo probado para llenar sus gimnasios y aumentar sus ganancias. Sin duda, era un mercado pequeño, pero estaban hambrientos, algunos literalmente. Pero una vez que lograban llenar su gimnasio en treinta días, se lo contaban a todos sus amigos. Gym Launch despegó como un cohete. Fue una locura.

Durante los siguientes cinco años, obtuve más de 43 millones de dólares en distribuciones de propietarios. Luego, vendí el 66% de la empresa por 46,2 millones de dólares en una transacción totalmente en efectivo. Con ese trato, superé los 100 millones de dólares en patrimonio neto a los 31 años. Y para ser sincero, nadie estaba más sorprendido que yo.

A partir de ahí, mi esposa y yo fundamos nuestra oficina familiar Acquisition.com para invertir en negocios que sabemos cómo hacer crecer. Nuestra cartera, en el momento de escribir este libro, supera los 200 millones de dólares al año en ingresos anuales. Abarca cadenas de tiendas físicas, software, servicios y comercio electrónico. Aunque trabajamos en muchos sectores diferentes, todas nuestras empresas crecen siguiendo los mismos principios que comparto en este libro.

Entonces, ¿qué puedes obtener aquí?

En unas pocas páginas, te llevé de dormir en el suelo a superar los 100 millones de dólares en patrimonio neto. Así que la pregunta lógica es… ¿cómo? Respuesta: *ganando más dinero de los clientes de lo que cuesta conseguirlos*. Y de eso se trata este libro, *Modelos de dinero de $100M*.

Desde que estoy en el mundo de los negocios, el panorama ha cambiado más de una vez. Y seguirá cambiando. La buena noticia es que unos principios sólidos te ayudarán a ganar dinero, pase lo que pase. He aprendido muchos "modelos de dinero" como los llamo yo. Aquí te contaré cuáles son mis favoritos.

Modelos de dinero de $100M presenta ofertas <u>probadas</u> que puedes utilizar <u>hoy mismo</u>, y las instrucciones para llevarlas a cabo. Piensa en *Modelos de dinero de $100M* como un libro lleno de billetes de lotería ganadores: lo único que tienes que hacer es cobrarlos.

Además, quiero dejar algo claro: *estas son mis notas privadas*. Si están aquí, es porque me han hecho ganar dinero. Estos capítulos contienen mis observaciones y experiencias personales con diferentes tipos de negocios, desde cadenas locales hasta productos físicos, pasando por servicios, educación, software, y muchos más. Y estaban dispersas por todas partes a lo largo de los años. *Hasta ahora.*

<u>Este es mi libro de recetas para ganar dinero.</u>

Cómo está estructurado este libro

Este libro te enseñará algo increíblemente rentable: **cómo crear un "modelo de dinero de $100M"**. Con un modelo de dinero de 100 millones de dólares, *ganarás tanto dinero en los primeros treinta días que el costo de conseguir más clientes nunca volverá a ser un problema para ti*. Con tantos clientes, te verás obligado a trabajar en *todo lo demás* dentro de tu negocio para poder mantener el ritmo. Un problema que deberá resolver otro libro (guiño).

Esquema del libro

Empieza aquí: *Acabas de terminarlo.*

Sección I: ¿Qué es un "modelo de dinero"? *A continuación…*

Sección II: Ofertas de atracción

Sección III: Ofertas de venta adicional *(Upsell)*

Sección IV: Ofertas de venta descendente *(Downsell)*

Sección V: Ofertas de continuidad

Sección VI: Crea tu modelo monetario

Eso es todo. Pan comido. ¡Manos a la obra!

Consejo profesional: aprende más rápido y en profundidad leyendo y escuchando al mismo tiempo.

Aquí tienes un truco que descubrí hace unos años. Si escuchas el audiolibro y lees el libro físico o el *eBook* al mismo tiempo, aumentarás tu velocidad de lectura y retendrás más información. El contenido se almacena en más lugares de tu cerebro. Así es como leo la mayoría de las cosas que valen la pena.

También hago ambas cosas porque me cuesta mantener la concentración. Si escucho el audio mientras leo, me ayuda a no desconectarme. Me llevó dos días grabar este audiolibro. Lo hice para que, si a ti también te cuesta concentrarte como a mí, ya no tengas que preocuparte por eso.

Si quieres probarlo, descarga la versión en audio y compruébalo por ti mismo. He puesto mis libros al precio más bajo que me permiten las plataformas, así que no se trata de una estrategia para ganar dinero extra, lo prometo. Espero que te resulte tan valioso como a mí.

Se me ocurrió incluir este "truco" al principio del libro para que tuvieras la oportunidad de hacerlo si este primer capítulo te parecía lo suficientemente valioso como para ganar tu atención.

Consejo profesional: truco para terminar de leer los libros

Me distraigo fácilmente, por eso necesito pequeños trucos para mantener la atención. Este me ayuda mucho: <u>terminar los capítulos. No te detengas en medio de uno.</u> Completar un capítulo te da una sensación de logro y te motiva a seguir. Así que, si encuentras un capítulo difícil, termínalo para poder empezar fresco en el siguiente.

SECCIÓN I: ¿QUÉ ES UN MODELO DE DINERO?

"Hormozi tiene el mayor retorno de inversión en publicidad de todas las empresas que utilizan nuestra plataforma de seguimiento publicitario… por lejos. Tiene la mayor diferencia que hemos visto entre el dinero gastado y el dinero ganado. Y solo trabajamos con empresas que invierten al menos 250.000 dólares al año en marketing o más, por lo que se trata de los mejores profesionales en su campo y sus cifras son estratosféricas en comparación".

- Alex Becker, CEO de Hyros.com

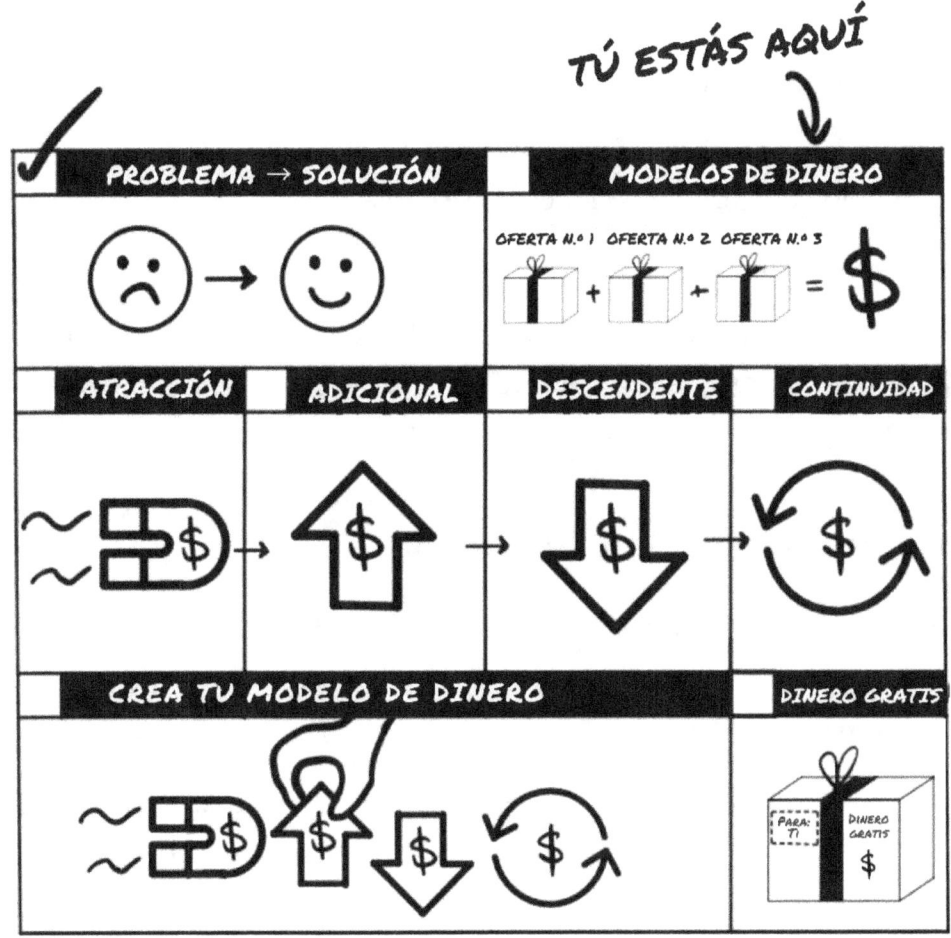

Diciembre de 2019.

"Buenas tardes, señor, ¿podría mostrarme su identificación para verificar su reserva?", dijo la agente de alquiler de coches, sonriendo. Ya tenía mi identificación lista y la deslicé por el mostrador.

"Hmm. Parece que no contamos en el momento con el vehículo que reservó. Sin embargo, tenemos un modelo equivalente… aunque usted es de talla grande. ¿Prefiere una camioneta más espaciosa?".

"Sí, suena bien", respondí.

"Aquí me figura su reserva por tres días". Inclinó un poco la cabeza. ¿Le gustaría devolver el vehículo en horario extendido? Así podría entregarlo en cualquier momento del día sin tener que preocuparse por cargos extra".

Tomé mi teléfono y revisé mi agenda. "Sí, nuestro vuelo saldrá por la tarde. Me parece bien".

"Muy bien. Deme un segundo… estoy ingresando esa información. ¿Desea contratar un seguro adicional para cubrir cualquier golpe o rayón en el coche? Cubre todos los daños que pueda sufrir el vehículo durante el tiempo que lo tenga".

"No, está bien, gracias. No tenemos planes de jugar a las carreras mientras estemos aquí", bromeé. "Solo el seguro mínimo, entonces".

"Correcto. Es todo lo que necesito".

"De acuerdo, en un momento le entrego las llaves. ¿Le gustaría que nos encargáramos del combustible para que no tenga que preocuparse por llenarlo antes de devolverlo? De esta manera podrá devolverlo vacío y no tendrá que pagar ningún recargo. Lo hacemos por 3,75 dólares el galón".

"¿Cuánto cuesta la gasolina por aquí?", pregunté.

"Alrededor de 3,50 dólares por galón", respondió amablemente.

"Claro, por qué no. Odiaría tener que ir a las apuradas a la estación de nafta mientras tengo prisa por tomar un vuelo".

"¡Muy bien! Aquí tiene su recibo. Solo cruce la esquina y su camioneta estará aproximadamente a la mitad del estacionamiento, a la izquierda. ¡Que tenga un excelente viaje!"

***

Mientras me alejaba, eché un vistazo al recibo y me detuve en seco. Solo pude reírme de mí mismo. Fui por un coche de 19 dólares al día y me fui pagando 100 dólares diarios. ¡Una diferencia de cinco veces! Y ese es el poder de un modelo de dinero bien diseñado.

Sabían exactamente lo que quería (y cosas que ni siquiera sabía que quería). Y cuando me las ofrecieron, las acepté encantado.

Se produjo un modelo de dinero

Un modelo de dinero es una *secuencia de ofertas*. En esencia, buscamos todas las oportunidades posibles para resolver los problemas de los clientes… y luego les ofrecemos la solución. Por ese motivo, los modelos de dinero suelen incluir muchas ofertas en un orden específico. Si ofreces lo adecuado cuando los clientes se dan cuenta de que lo necesitan, puedes hacer *tantas ofertas como quieras*.

Este es el modelo de dinero de la empresa de alquiler de coches expresado de forma clara:

Oferta n.º 1: Mejora del vehículo

Oferta n.º 2: Devolución tardía

Oferta n.º 3: Seguro premium

Oferta n.º 4: Seguro mínimo como opción más económica

Oferta n.º 5: Gasolina prepaga

Así que sí, pagué más, *pero también me resolvió más problemas.* Analicemos los problemas que resolvió:

- Resolvió mi problema de "hombre grande en un coche pequeño" *ofreciéndome* un vehículo con más espacio.

- Resolvió mi problema de "horario de devolución extendido" *ofreciéndome* la flexibilidad de conservar el vehículo durante más tiempo.

- Resolvió mi problema de "preocupación por dañar el coche" *ofreciéndome* un seguro que lo protegía.

- Resolvió mi problema del "riesgo de perder el vuelo" *ofreciéndome* la posibilidad de pagar la gasolina por adelantado para que no tuviera que hacerlo a las apuradas a la vuelta.

   …Y todas esas cosas costaban dinero, que *yo estaba dispuesto a pagar.*

La empresa de alquiler de coches pensó en todos los detalles. Me informaron del problema y *me ofrecieron una solución.* Me ofrecieron soluciones para evitar gastos más elevados y molestias que podría haber tenido más adelante a cambio de un pequeño suplemento *en ese momento.*

Como resultado, mi alquiler de 19 dólares se convirtió en uno de 100 dólares. Pagué *más dinero más rápido.* Y ahora podemos ver por qué el sector del alquiler de coches genera miles de millones de dólares solo en los Estados Unidos… *cada mes.* Un modelo de dinero exitoso.

Cuidado: los malos modelos de dinero acaban con los negocios.

Muchos negocios gastan más en conseguir que alguien compre algo que lo que realmente ganan con esa venta. En otras palabras, pierden dinero al captar nuevos clientes, *lo cual es un gran problema.*

Y esto es lo que ocurre…

- Gastan dinero para conseguir clientes.

- Al final del mes, se dan cuenta de que han gastado más de lo que han ganado.

- Entonces recortan los gastos en publicidad.

- Tienen menos clientes de los que pueden atender porque no pueden pagar por captarlos.

- Entonces, eliminan la publicidad por completo.

- Mantienen a flote el negocio con dinero personal, préstamos, créditos y luego… *rezan* por obtener ganancias.

- Venden porcentajes de su negocio solo para mantenerlo a flote.

- Esperan meses (¡o años!) para recuperar su inversión… si es que alguna vez lo hacen.

- Se endeudan cada vez más atrás hasta que…

- Finalmente, lo pierden todo.

Pero no tiene por qué ser así. Hay mucho dinero allá afuera. Solo hay que *ir tras él*.

En los negocios tradicionales, el lento flujo de ganancias procedente de muchos clientes, *eventualmente,* terminan cubriendo la inversión para captar a *uno solo*. Esa "gotera" de ganancias ahoga la caja del negocio dejándolo sin liquidez. Esto significa que solo pueden conseguir muchos clientes a través de la publicidad… ¡si ya tienen muchos clientes! Las grandes empresas (o las pequeñas empresas con inversores) pueden hacerlo porque tienen dinero para gastar.

Piénsalo de esta manera. Si gastas 100 dólares en publicidad para conseguir un cliente y ganas 500 dólares de ese cliente, es una gran oferta. Deberías aceptarla sin dudarlo. Pero, ¿y si tardas dos años en recuperar tu inversión? Es un gran negocio… si ya tienes mucho dinero en el banco. De lo contrario, *te quedarás sin dinero*. Y esto te deja con dos opciones:

Opción n.º 1: Esperar dos años para cobrar y rezar para no quedarte sin dinero.

Opción n.º 2: Cobrar rápido y crecer tanto como te dé la gana.

Un buen modelo de dinero sería la opción 2.

Nota del autor: Genera suficiente ganancia para cubrir tus gastos en 30 días o menos

Me gusta cubrir mis gastos de captación de clientes en un plazo de 30 días. La razón principal es que cualquier empresa puede obtener dinero sin intereses durante 30 días mediante las tarjetas de crédito. Si liquidas tu saldo antes de que termine el mes, funciona como el dinero normal. Así que puedes utilizar ese crédito para conseguir un cliente, devolverlo y volver a utilizarlo para conseguir el siguiente cliente. Y si puedes pagarlo *antes* de los 30 días, ¡puedes repetirlo cuantas veces quieras!

Los buenos modelos de dinero crean millonarios.

Si haces más ofertas y la gente las compra, ganas más dinero. Si ganas más dinero, puedes utilizarlo para conseguir más clientes. Si te pagan ese dinero más rápido, más rápido podrás conseguir esos nuevos clientes *y* seguir siendo rentable.

Pero, ¿qué pasaría si duplicaras el valor de tus clientes, duplicaras tus clientes y los consiguieras el doble de rápido? *Tu negocio crecería 8 veces más rápido*. Y si los triplicaras, *tu negocio crecería 27 veces más rápido*. ¿Entiendes a dónde quiero llegar? Puedes crecer mucho, ser muy rentable y hacerlo muy rápido… *con solo unos pocos cambios*. Y eso es precisamente lo que voy a enseñarte a hacer.

A continuación

Los modelos monetarios son una secuencia de ofertas. Las diferentes ofertas resuelven diferentes problemas. Por lo tanto, si quieres ganar, tienes que averiguar qué ofrecer *a continuación*. Para averiguarlo, tienes que comprender *los cuatro tipos de ofertas*…

Los cuatro tipos de ofertas que conforman los Modelos de dinero

Hacer una sola oferta funciona mejor que no hacer ninguna. Y hacer más ofertas funciona mejor que hacer una sola. Combinar ofertas en una secuencia crea un modelo de dinero. Mis modelos de dinero combinan cuatro tipos diferentes de ofertas.

Cuatro tipos de ofertas

Hay cuatro tipos de ofertas: ofertas de atracción, ofertas de venta adicional, ofertas de venta descendente y ofertas de continuidad. Todas ellas mejoran nuestro modelo de dinero, pero cada una lo hace *de forma diferente*. Funcionan muy bien por separado, pero juntas hacen que tu negocio sea imparable.

1) **Las ofertas de atracción** convierten a los desconocidos en clientes.

2) **Las ofertas adicionales (*Upsell*)** hacen que la gente gaste más dinero.

3) **Las ofertas de venta descendente (*Downsell*)** hacen que la gente diga que sí cuando habría dicho que no.

4) **Las ofertas de continuidad** hacen que la gente siga comprando.

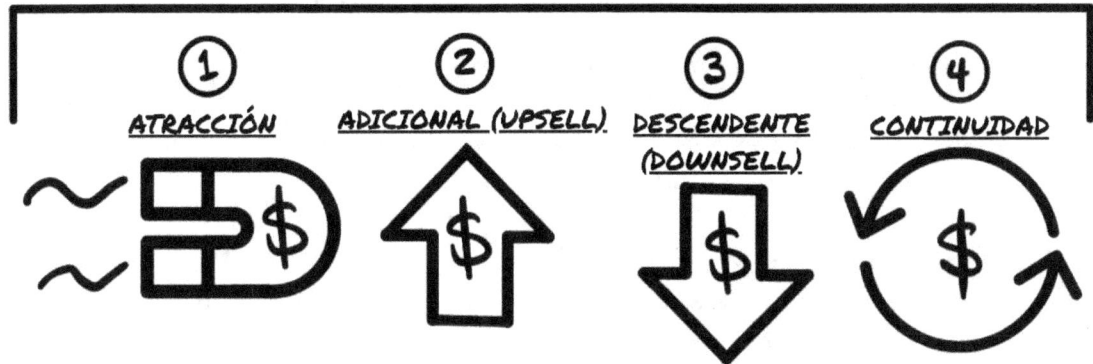

Si observas los grandes negocios, verás diferentes versiones de estas ofertas como componentes básicos de su motor de generación de ingresos. Puedes utilizar una, dos, varias o las cuatro ofertas juntas. Puedes combinarlas como quieras. Pero, si miro *mis* negocios más rentables, siempre usé las cuatro. Y te diré por qué:

Si no tienes una oferta para atraer clientes, no conseguirás muchos. Pero supongamos que sí la tienes. Si solo tienes eso para ofrecer, no ganarás ni la mitad del dinero que podrías ganar. Así que, si tienes algo más para ofrecer después, una venta adicional, lo que sería una oferta adicional (*upsell*), finalmente obtendrás algo de dinero extra.

Pero aun así no ganarás todo lo que podrías, porque mucha gente seguirá diciendo "no". Por eso, convertimos esos "no" en "sí" con ventas descendentes (*downsells*), que son ofertas más accesibles. Y eso funciona bien. Pero sería aún mejor si tuvieras garantizado ese dinero extra *mes tras mes*. Por eso, haces una oferta de continuidad para rematar. Esa es la estrategia que me gusta usar.

Cómo estructuré las secciones

Comenzaré con las ofertas de atracción, porque si no estás consiguiendo clientes, lo primero que necesitarás es una de ellas. Luego, pasaré a las ofertas de venta adicional (*upsells*), seguidas de las ofertas de venta descendente (*downsells*). Para terminar con los cuatro tipos, te muestro mis ofertas de continuidad favoritas, *tal y como las aprendí*.

Cómo he estructurado cada capítulo

Cada capítulo tiene seis elementos:

1) **Bocetos** directamente de mis notas. Exactamente como los dibujé. Me ayudaron a recordarlo, así que también te ayudarán a ti a recordarlo.

2) **La historia** de cómo aprendí por primera vez este modelo de dinero.

3) Una **descripción** de cómo funciona el modelo de dinero.

4) Algunos **ejemplos** de cómo funciona este modelo en diferentes sectores. Piensa en cómo podrías usar el Modelo de dinero en tu negocio.

5) **Notas importantes** y tácticas que hacen que el Modelo de dinero funcione. Estos consejos te ayudarán a ejecutar la jugada, como si fuera la centésima vez que la haces, *en tu primer intento*.

6) Un **resumen**. Todos los puntos importantes sobre el Modelo de dinero. Además, algunas ideas adicionales sobre cómo hacer que el Modelo de dinero sea más rentable.

Notas importantes:

Muy bien. Antes de compartir este tesoro, necesito aclarar algunas cosas:

1) **Todos los negocios tienen modelos de dinero. Es lo que hace que un negocio sea un negocio.** Cambia el mantra *de las personas pobres* "esto no funcionará para mi empresa" por el mantra *de las personas ricas* "¿cómo haré que esto funcione en mi negocio?". Todos funcionan. *Sé creativo.*

2) **Algunos Modelos de dinero funcionan mejor en unos negocios que en otros.** Son simplemente formas diferentes de ofrecer las cosas. Si solo intentas copiar lo que "ellos" hacen, te decepcionarás. Para que funcione en tu negocio, tienes que diseñar el tuyo propio (pero no te preocupes, te enseñaré a hacerlo).

3) **Si un cliente pide que le devuelvan el dinero, *devuélveselo.*** Evita los dolores de cabeza. Y si cometiste un error, *corrígelo.* No seas tonto. Trata bien a los clientes. La próxima vez, dedica tiempo y recursos a conseguir mejores clientes.

4) **Las ventas agresivas son para productos débiles.** Si alguien no quiere algo, *no pasa nada.* No intentes convencer a alguien en contra de su voluntad. Haz ofertas disponibles en el momento en que tu cliente tenga un problema y estarás por delante de la competencia. Si no lo quieren, no te preocupes. Encuentra a alguien que sí lo quiera. Es una cuestión de números.

5) **Respeta la ley.** Aprendí estas estrategias en diferentes situaciones, de diferentes personas, utilizando diferentes plataformas, en diferentes momentos, en diferentes lugares y siguiendo diferentes normas. Las leyes sobre publicidad cambian constantemente. Y tienden a ser cada vez más estrictas, especialmente en lo que respecta a lo "gratis". Consulta con abogados para ver si la oferta que quieres hacer es legal o no. Este libro pretende ser simplemente una fuente de inspiración para Modelos de dinero. Úsalo como tal.

6) **Sé transparente.** Expón los hechos tal como son. Y si los hechos no son convincentes, cambia la realidad para que lo sean o aprende a presentarlos de manera que sí lo sean. No mientas. A largo plazo, te perjudicarás a ti mismo. Y, a diferencia de las deudas de tarjetas de crédito, no puedes declararte en quiebra para borrar una mala reputación. Una vez que tienes una mala reputación, te acompañará para toda la vida.

7) **Cualquier oferta puede utilizarse por separado, en cualquier momento y en cualquier orden.** Un negocio funciona siempre que genere ganancias. La mayoría de las ofertas de este libro podrían cumplir ese requisito mínimo *por sí solas.* Cuando se utilizan en la secuencia adecuada y en el momento oportuno,

conforman un *Modelo de dinero de $100 M*. Sueño en grande, y apuesto a que tú también. Por lo tanto, vamos a utilizarlas todas.

Dicho esto, ¡manos a la obra!

Para comenzar: Ofertas de atracción

La mayoría de los negocios gastan demasiado para conseguir clientes y ganan muy poco con ellos. *Están limitados por el dinero.* Pero tú usarás el dinero para conseguir más clientes. Y si hay algo que me gusta a mí son más clientes. Por eso, siempre resuelvo esto primero con una oferta atractiva.

UN REGALO PARA TI: Tutorial adicional sobre los cuatro tipos de ofertas.

Si quieres una mirada más profunda sobre cómo pensamos al combinar los diferentes tipos de ofertas, visita acquisition.com/training/money. Es gratis y está disponible para todo el mundo. Mi objetivo es ganarme tu confianza. Y la confianza se construye ladrillo a ladrillo. Permite que este entrenamiento sea el primero de muchos. Disfrútalo. También puedes escanear el código QR si odias teclear.

ESCANÉAME

SECCIÓN II:
OFERTAS DE ATRACCIÓN

Cómo convertir la curiosidad en dinero.

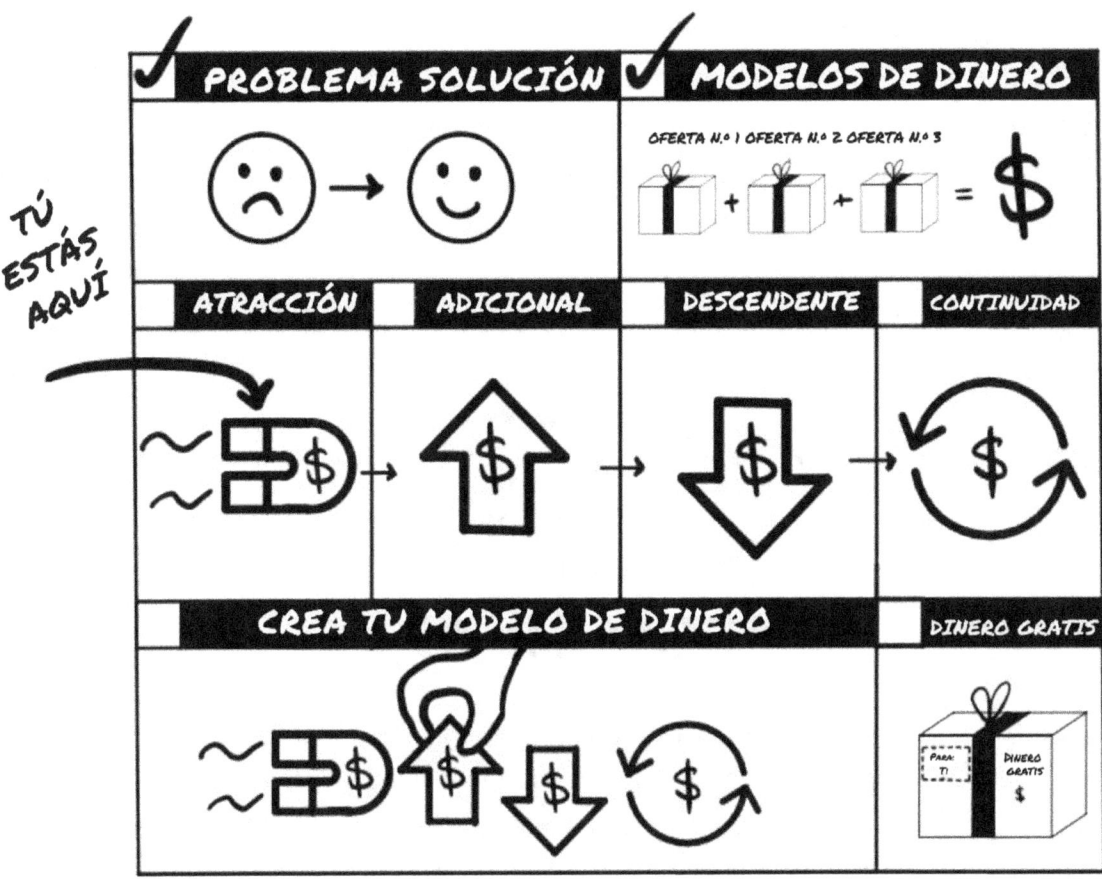

Las ofertas de atracción generan clientes potenciales *y* los convierten en clientes reales. Convierten la publicidad en dinero al ofrecer algo gratis o con descuento. Hacemos esto porque todo el mundo quiere una buena oferta. En una buena oferta, los clientes obtienen *mucho* más valor que el precio que pagan. Los desconocidos solo pueden confiar en tu palabra acerca del valor de una oferta. Sin embargo, entienden perfectamente el precio. Por esta razón, los descuentos hacen que *cualquier cosa* sea una buena oferta para casi *todo el mundo*. Y cuanto mayor sea el descuento, mejor será la oferta. El mayor descuento de todos es que sea *gratis*.

Así que, en primer lugar, cada vez que yo diga "gratis", también puedes usar "descuento" o "$1". Cada vez que use la palabra "descuento", también puedes usar "gratis" o "$1", y así sucesivamente. Las tres opciones están en un mismo espectro porque todas ofrecen algún nivel de descuento, incluso si es del 100%.

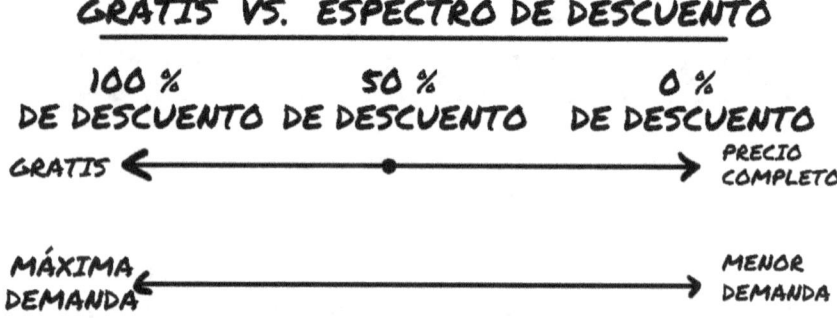

Si puedes imaginar una forma de utilizar un descuento o una oferta gratis… ¡entonces puedes hacerlo! Después, te dejaré usar tu ingenio para intercalarlas como mejor te parezca.

Entonces, ¿cómo puedes ganar dinero ofreciendo cosas gratis?

Piénsalo de esta manera: las personas buscan una cosa y, sin querer, terminan comprando otra *todo el tiempo*. Las ofertas de atracción hacen que lo hagan *a propósito*. ¿Y qué es mejor que una cosa gratis? ¡Muchas cosas gratis y aún mejores! Una cosa gratis ya es genial. Pero, dos cosas gratis… ¡mucho mejor! Y, quizás, para conseguir esas dos cosas gratis, *tengan que comprar una* tercera cosa. Así es como ganamos dinero con las cosas gratis.

En esta sección, compartiré mis cinco formas favoritas de ganar dinero ofreciendo cosas gratis:

1) Recupera tu dinero

2) Sorteos y rifas

3) Oferta señuelo

4) Compra X y llévate Y gratis

5) Paga menos ahora o paga más después

Ganemos algo de dinero.

UN REGALO PARA TI: Tutorial adicional sobre ofertas de atracció

He creado un video gratis para ti sobre cómo funcionan las ofertas de atracción. Si quieres verlo, solo tienes que dirigirte a acquisition.com/training/money. No necesitas registrarte. ¡Disfrútalo! También puedes escanear el código QR si odias tipear.

Recupera tu dinero

Si haces X dentro de Y tiempo y sigues Z reglas, puedes conseguirlo gratis.

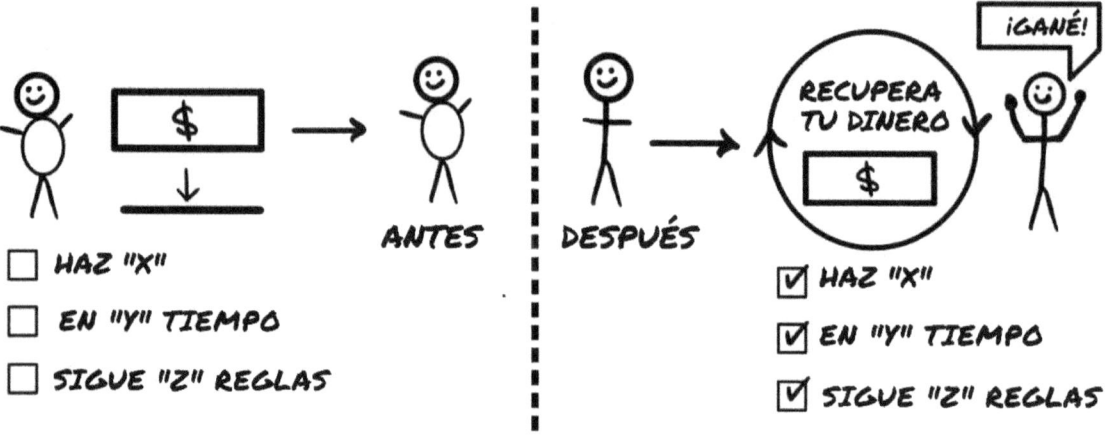

Junio de 2013.

Estaba en una sala llena de propietarios de gimnasios con mucha experiencia, y yo era el novato. Todos hablaban por turnos sobre lo que les estaba funcionando bien a cada uno. Fue entonces cuando Danny intervino.

"Bueno… como saben, he estado batallando con las ventas… y creo que ya tengo la fórmula ganadora. Vino un tipo muy pesado que no quería comprar *nada*. Sabía que lo necesitaba, pero también decía que necesitaba más responsabilidad. Así que estuvimos discutiendo el tema y, finalmente, se le ocurrió una idea. Me dijo: "¿Qué te parece esto? Te doy 500 dólares. Tú me entrenas durante ocho *semanas. Y si alcanzo mi objetivo, yo recupero mi dinero. Pero, a cambio,* tú podrás *utilizar mis resultados para promocionar tu negocio. ¿Te parece justo?*".

"Entonces… ¿qué pasó?", pregunté.

Danny respondió: "Pensé que de todos modos no iba a comprar, así que acepté su propuesta".

"¿Y qué pasó con el tipo?"

"Alcanzó su meta".

"¿Y le devolviste el dinero?"

"Eso es lo que tú pensarías, pero terminó usando el dinero para pagar más entrenamiento".

"Genial. ¿Y qué hay de promocionar sus resultados?".

"¡Amigo, las fotos del antes y el después que publicamos con sus resultados nos trajeron trece referencias!"

"Es una locura. Ahora sí que estamos hablando en serio".

"Sí, lo sé. Ahora se lo ofrezco a todo el mundo. Los resultados han mejorado muchísimo y a la gente le encanta la oferta. Además, toda la publicidad gratuita que hacen por nosotros hace que sus amigos y familiares también se unan. Estoy ganando más dinero que nunca".

***

Es la primera vez que vi una oferta así. La fui actualizando con el tiempo, pero la esencia sigue siendo la misma: *paga ahora y tendrás la posibilidad de recuperar tu dinero más adelante*. La utilicé para entrenamientos privados, entrenamientos en grupo, asesoramiento nutricional privado y en grupo. Cuando vi lo bien que funcionaba con los clientes que ya tenía, empecé a incluir la oferta en mis anuncios para nuevos clientes. ¡El costo de captación de clientes se redujo *considerablemente* y mis clientes potenciales se dispararon!

Descripción

Una oferta de "Recupera tu dinero" funciona así: *tú* estableces un objetivo para el cliente *y* le explicas cómo alcanzarlo. Si logra el objetivo, entonces tiene derecho a recuperar su dinero *o* a recibirlo en forma de crédito en el local.

Esta oferta hizo crecer mis gimnasios más que ninguna otra. También fue la primera oferta *Grand Slam* que *Gym Launch* enseñó a los propietarios de gimnasios. Ofrece una gran flexibilidad. Así que, si quieres obtener más dinero, conseguir más clientes y ofrecerles mejores resultados, no hay nada mejor.

Para "recuperar su dinero", la persona tiene tres opciones: obtener resultados, realizar determinadas acciones o ambas cosas. Y para que esto funcione, tienes que hacer que <u>los resultados</u> y <u>las acciones</u> *sean fáciles* de seguir.

<u>Resultados</u>: en este caso, independientemente de lo que haga, si el cliente obtiene el resultado, recupera su dinero. Por ejemplo: ganar X dólares al mes, conseguir Y clientes, perder Z kilos, etc. *Básicamente, apuestan a su propia capacidad para alcanzar el objetivo.*

<u>Acciones</u>: aquí, tú les haces responsables de *realizar* acciones en lugar de *obtener* resultados. Independientemente de los resultados que obtengan, si el cliente hace lo que tú le pides, recupera su dinero. Por ejemplo: asistir a todas las sesiones, llamadas, reuniones, registrar sus progresos, tomarse fotografías, hacer las tareas asignadas, etc. *En este caso, apuestan por su capacidad para seguir instrucciones.*

<u>Acciones *y* resultados</u>: aquí, tú haces que los clientes se responsabilicen de seguir las instrucciones y obtener resultados. Si hacen ambas cosas, recuperan su dinero. Muchas veces, las personas quieren lograr una meta pero carecen de las habilidades o capacidad para hacerlo. Incluso si apostaran por sí mismas, fracasarían. Al establecer un buen objetivo para ellos *y* mostrarles cómo alcanzarlo, tienen una oportunidad real. *Aquí, apuestan a su capacidad de seguir instrucciones y a que tus instrucciones los llevarán a la meta.*

Conclusión: los clientes pagan por adelantado. Si hacen lo que se les pide O consiguen el resultado O *ambas cosas, recuperan su dinero en efectivo o en forma de crédito en la tienda.*

Ejemplos

Oferta de empresa a consumidor: Plan gratuito de 28 días

Deposita X dólares y recupera tu dinero si:

- ☐ Asistes a todas tus llamadas de consultoría.

- ☐ Publicas tu progreso en el grupo una vez por semana.

- ☐ Escribes un diario en nuestra aplicación todos los días.

- ☐ Asistes a tu sesión de retroalimentación y a tu sesión de transformación.

  (Sugerencia: las llamadas y reuniones son oportunidades para vender más servicios o productos).

Oferta empresa a empresa: Desafío gratis, 5 clientes en 5 días.

Deposita X dólares y recupera tu dinero si:

- ☐ Envías 100 mensajes al día.

- ☐ Reportas las estadísticas de los mensajes enviados.

- ☐ Asistes a la capacitación diaria.

- ☐ Publicas las tareas terminadas en el grupo.

- ☐ Asistes a la llamada de consultoría del día 5.

  (Sugerencia: aquí puedes ofrecer productos o servicios nuevos, mejores o más completos).

Oferta de producto físico: recorre 1.000.000 de millas con tu coche y consigue uno gratis

Consigue un coche gratis si:

- ☐ Compras un coche nuevo con nosotros.
- ☐ Conduces el coche 1.000.000 de millas.
- ☐ Lo entregas.
- ☐ Haces fotos y apareces en un comunicado de prensa.
- ☐ Te acreditamos el precio original de compra en tu próximo coche.

(Esta fue una oferta real).

Notas importantes

Esta oferta ha generado más de 1.000 millones de dólares en ventas en todo el sector. Funciona. Yo he ganado mucho dinero con ella. Tú también puedes hacerlo.

"Recupera tu dinero" funciona con clientes nuevos, actuales *y* anteriores. Me gusta utilizarlo con los clientes nuevos porque ofrece el mayor descuento posible: el 100 %. Me gusta utilizarlo con los clientes actuales porque los mezcla con los clientes nuevos. Y me gusta utilizarlo para recuperar a los clientes anteriores, porque los incentivos mayores hacen que vuelvan.

Funciona bien con cosas que la gente empieza y... abandona. Como crear una empresa, aprender nuevas habilidades, perder peso, ponerse en forma, seguir rutinas de belleza, cuidarse, gestionar su tiempo, cuidar la salud mental, etc. Mantiene la motivación durante las primeras dificultades del proceso. Hasta la fecha, nunca he visto una forma mejor de crear un programa para obtener resultados: una verdadera situación en la que todos ganan.

No te preocupes. Esta oferta genera ganancias. Si devolvieras todo el dinero, esta oferta no generaría *ganancias, pero lo hace.* En primer lugar, muchos no cumplirán los requisitos, incluso con condiciones realistas. En segundo lugar, aquellos que *sí* cumplen los requisitos suelen seguir siendo clientes. Pero solo pueden seguir siendo clientes *si tienen algo más que comprar.* Por lo tanto, ten preparada una oferta de venta adicional para obtener ganancias (Sección III).

¡Solo ofrece **"Recupera tu dinero" si te sientes cómodo devolviendo el dinero!** Los reembolsos son parte del negocio. Sin embargo, cuando se anuncia bien, la oferta " Recupera tu dinero" atrae a montones de clientes adicionales. Y cuando ofreces a los clientes satisfechos una buena oferta de seguimiento, *obtienes muchas ganancias.* Esto compensa con creces los reembolsos. Según los datos que hemos recopilado de miles de gimnasios, alrededor del 10% de todos los clientes solicitan la devolución de su dinero. Si no puedes soportarlo, no lo hagas.

Ofrece crédito en la tienda en lugar de dinero en efectivo. Si no deseas ofrecer reembolsos en efectivo, puedes ofrecer crédito en la tienda. Mis pruebas demostraron que ofrecer crédito en la tienda y reembolsos en efectivo atraía al mismo número de clientes. Por lo tanto, es mejor ofrecer crédito en la tienda. Sin embargo, si aun así quieres anunciarlo como "gratis", combínalo con una garantía de satisfacción incondicional. Añadir la garantía incondicional nunca afectó de manera significativa al número de personas que querían que se les devolviera el dinero. Consulta con un asesor legal de tu zona.

No aceptes dinero manchado de sangre. Si alguien no quiere que conserve su dinero, ¡yo lo quiero menos! Como regla personal, si un cliente pide un reembolso, tenga derecho a ello o no, *se lo concedo.* Céntrate en conseguir el próximo cliente.

Cómo definir tus criterios para la oferta "recupera tu dinero". Estos criterios determinan el éxito o el fracaso de esta oferta. Los buenos criterios tienen tres características:

1) **Son fáciles de seguir.** Enséñales *exactamente lo que tienen que hacer* (o fallarán). Obtienen puntos extra si ya lo están haciendo. Por ejemplo: los teléfonos ya cuentan los pasos. Los procesadores de texto ya cuentan las palabras. Las cámaras marcan automáticamente la fecha en las fotos.

2) **Logran resultados para los clientes.** Establece criterios que les permitan obtener los resultados deseados. Los criterios *realistas* son suficientes. Si crees que los criterios parecen demasiado fáciles, probablemente te hayas *acercado* a lo realista. Es posible que necesiten varios intentos para lograrlo, pero lo mismo ocurre con cualquier otra cosa que valga la pena. Por ejemplo: asistir a reuniones, hacer ejercicio, ver videos, etc. Haz que *todo el mundo* haga lo que hacen tus mejores clientes para obtener los mejores resultados (y también obtendrán excelentes resultados).

3) **Promocionan el negocio.** Haz que la publicidad del negocio forme parte de tus criterios. Por ejemplo: publicar sobre su participación, etiquetar en las redes sociales, recomendar o dejar reseñas y testimonios.

Cómo aplicar el crédito en la tienda [IMPORTANTE]. Cuando los clientes recuperen su dinero, ofréceles aplicarlo durante un período más largo o a un paquete al por mayor. Simplemente ofréceles aplicarlo a algo que cueste más que su ganancia. Según mi experiencia, esto mantiene a los clientes interesados y te hace ganar más dinero. Así es como funciona:

- Tienes un producto o servicio que cuesta 200 dólares al mes.

- Un cliente gana 600 dólares de crédito. Evita ofrecerle tres meses gratis *por adelantado*.

- En lugar de eso, aplica los 600 dólares a lo largo de 12 meses→ ($600/12 meses= $50/mes de descuento).

- Ahora esa persona paga: 200 dólares al mes, menos 50 dólares de descuento = 150 dólares al mes.

- Para que quede claro, pueden usar el crédito como quieran. Pero te recomiendo que les presentes esta opción primero. Si te piden usarlo por adelantado, puedes compartir mi experiencia: la gente se desanima si no paga *algo*. Un descuento a largo plazo los mantiene comprometidos a largo plazo. Por lo tanto, lo mejor para el cliente es mantener cierto interés en el juego.

- Encontrarás información detallada sobre esta oferta de venta adicional (oferta adicional o *upsell*) en el capítulo "Venta adicional por renovación" (Sección III).

Cada reunión o llamada son oportunidades para vender más. Incluye las reuniones de seguimiento como parte de tus criterios de devolución de dinero siempre que puedas. Y haz que todas las reuniones sean obligatorias para recuperar su dinero. Además de ayudarles a tener éxito, son las mejores oportunidades para hacer ofertas de venta adicional. Así que, después de hacer el seguimiento, ofrece lo que sea más adecuado en función de su feedback. La oferta "Recupera tu dinero" en mis gimnasios constaba de tres citas:

- Orientación nutricional→ "Fotos del antes" → Te hago una oferta de suplementos.

- Revisión del progreso→ Te hago una oferta de membresía.

- Feedback sobre la transformación→ "Fotos del después" → Te vuelvo a ofrecer la membresía.

  - Si compraste la membresía en la última reunión, te ofrezco un descuento si pagas por adelantado un año.

Haz que todos sean ganadores. Promociona y vende el programa como si solo pudieran recuperarlo si cumplen los criterios. Pero, a mitad de camino, haz tu siguiente oferta *como si ya hubieran ganado*. Así reducirás la ansiedad de los clientes por fracasar *y* los mantendrás más tiempo comprometidos. ¡Y además, te van a querer aún más! Algo así como:

Sé que estás intentando alcanzar este objetivo a corto plazo, pero ¿cuál es tu objetivo a largo plazo? …Muy bien, me alegra oír eso. Entiendes que esto no se trata solo de cumplir con este programa, sino sobre tus resultados a largo plazo. Te diré algo, para demostrarte lo mucho que quiero que alcances ese objetivo a largo plazo, te aplicaré el crédito de este programa para el siguiente, independientemente de si alcanzas el objetivo a corto plazo o no. ¿Qué te parece?

Al final del programa, deja que los "perdedores" ganen. Si alguien rechaza tu primera venta adicional *y* no supera el desafío, puedes volver a intentar venderle algo. Así es como se hace: <u>actúa como si hubieran ganado</u>. Yo digo algo como:

"No te preocupes. Lo importante es que has empezado. Esa es la mayor victoria de todas. Y aunque no hayas alcanzado tu objetivo a corto plazo, has cumplido el nuestro: terminar lo que empezaste. Para demostrarte que estamos en esto contigo a largo plazo, te acreditaremos la totalidad de tu depósito para que sigas con nosotros a largo plazo. De esa manera, recuperarás tu dinero y nosotros podremos alcanzar el objetivo. ¿Qué te parece?".

Cambiarás ese ceño fruncido por una sonrisa y te adorarán por ello. Recuerda: <u>no conseguimos clientes para vender, vendemos para conseguir clientes</u>.

La oferta "Recupera tu dinero" tiene una estructura sencilla y muy flexible. Básicamente, ofreces un producto o servicio y una forma de que los clientes recuperen su dinero si realmente lo utilizan. Entonces, si lo utilizan tal y como tú sugieres, obtendrán resultados satisfactorios y estarán abiertos a más ofertas y/o compromisos a largo plazo.

Puntos clave

"Recupera tu dinero" es una oferta mágica para las empresas que exigen a sus clientes un esfuerzo continuo para obtener el resultado ideal.

- La oferta "Recupera tu dinero" es genial porque:
    - Obtienes mucho dinero por adelantado.
    - Consigues que más clientes digan que sí, ya que reduces su riesgo.
    - Obtienes resultados espectaculares para los clientes.
    - Consigues más clientes a largo plazo.

o   Ellos promocionan tu oferta para que consigas aún más clientes.

- Incluir algunas reuniones como parte de las condiciones te ofrece una gran oportunidad para ponerte en contacto con tus clientes y hacerles ofertas más específicas para sus necesidades.

- Todo el mundo piensa que las empresas ganan dinero con las personas que fracasan en el programa. No. El dinero real proviene de las personas que tienen éxito con él *y tú tienes algo más que ofrecerles*. Créeme. Cuantos más resultados obtengas, más dinero ganarás. Piensa a largo plazo.

- Haz que los criterios de reembolso sean fáciles de seguir, estén alineados con los objetivos de los clientes y sean útiles para la empresa.

- Utiliza la oferta "Recupera tu dinero" solo si tu tasa de reembolso es inferior al 5%. De lo contrario, corrige tu producto antes de hacerlo. Corres el riesgo de conceder demasiados reembolsos.

- Utiliza el crédito de la tienda para otra oferta, preferiblemente más cara. Quieres que sigan siendo clientes, así que dales la oportunidad. No quieres que la gente deje de pagarte.

- Para aumentar las ventas y conservar más clientes, haz que todos salgan ganando en privado. De esa manera, todos se sorprenderán y te estarán agradecidos cuando hagas tu oferta de venta adicional.

UN REGALO PARA TI: video de <u>formación</u> en la oferta "Recupera tu dinero"

He ganado una enorme cantidad de dinero con esta oferta y tengo más detalles e historias que no he podido incluir en el libro. Si te interesa, he creado un video gratis para ti, sin necesidad de registrarte. Para verlo, solo tienes que ir a acquisition.com/training/ money. También puedes escanear el código QR si odias teclear.

Sorteos

Muchos participarán… muchos ganarán.

Agosto de 2020.

Tuve una conversación por teléfono con el dueño de una empresa de certificación de fitness para hablar de negocios. En pocos minutos, me explicó cómo certifican a los aficionados del fitness y les ayudan a conseguir clientes.

"Tienes un negocio interesante", le dije. "¿Cómo consigues clientes potenciales?".

"Es muy sencillo. Anunciamos una beca completa para todo nuestro programa. Las personas envían su información de contacto y luego responden algunas preguntas. Les preguntamos cosas como "¿Por qué deberíamos elegirte para la beca completa?". La mejor respuesta obtiene la beca completa. Pero también hacemos algo más…".

"Genial, sigue…", dije.

"Concedemos becas parciales".

"¿Qué quieres decir? ¿Cómo funciona eso?"

"Bueno, a menudo tenemos un claro ganador para la beca completa. Pero hay mucha gente con historias inspiradoras, así que quiero asegurarme de que también obtengan beneficios. Ahora, solo puedo otorgar una beca completa, pero *puedo otorgar tantas becas parciales como quiera*".

Y entonces lo comprendí.

"Ooohhh… Así que mucha gente se presenta al "gran premio" y solo una persona lo gana.

¿Pero los demás solicitantes pueden optar a premios menores?"

"Exacto. Así que le doy mucha importancia a la persona que gana la beca completa, pero luego llamo a todos los demás para informarles de que han obtenido una beca parcial. Cuando hablo con ellos, se muestran encantados. La mayoría se une a nuestro programa en ese mismo momento".

"¿Entonces no saben el precio real de tu producto cuando te llaman?".

"No".

"Pero ellos conocen el valor de la beca completa, y cuando tú les presentas el precio con descuento de tu programa con la beca parcial, sigue siendo un ahorro enorme".

"Exactamente".

"Así que no solo consigues un montón de clientes potenciales interesados, sino que también consigues más clientes con tu "descuento sorpresa". Genial".

"Funciona *muy bien*. De hecho, tenemos que limitarlo para asegurarnos de que podemos atender a todos los nuevos inscriptos. Aunque parezca increíble, enseñamos la misma estrategia a los entrenadores que certificamos. Funciona igual de bien para captar clientes de fitness, a veces incluso mejor".

"Me encanta".

***

He presentado esto como una oferta educativa y como una oferta de fitness. Pero es mucho más que eso. Voy a mostrarte cómo utilizarlo en *cualquier* negocio. Las promociones gratuitas generan muchos clientes potenciales que muestran interés en *tu producto más caro*. ¿Qué podría ser mejor?

Descripción

Las ofertas promocionales anuncian la oportunidad de ganar un gran premio a cambio de la información de contacto y cualquier otra cosa que desees. Luego, después de elegir un ganador, ofreces a todos los demás el gran premio a un precio con descuento. Las ofertas promocionales también se conocen con nombres como "becas", "sorteos" y "rifas", entre otros. Todos ellos significan "participa para tener la oportunidad de ganar". Para realizar una oferta promocional, debes:

- Elegir un gran premio.

- Elegir tu oferta promocional.

- Solicitar información de contacto y otros requisitos (criterios de elegibilidad).

- Definir las acciones que deseas que realicen los participantes para calificar para el gran premio.

- Establecer una fecha límite para el sorteo para generar urgencia.

- Anunciar al ganador del gran premio y ponerte en contacto con todos los demás.

Veamos cada uno de estos puntos con más detalle.

Elegir un gran premio. Haz que tu gran premio *sea algo que quieras que todo el mundo compre*. Asegúrate de asignar un valor monetario a tu gran premio para que sirva como referencia de precio. Por ejemplo, si vendes un producto que tiene un valor de 5.000 dólares por 2.000 dólares, ¡anuncia que el valor es de 5.000 dólares!

Elegir tu oferta promocional. Tu oferta promocional sustituye a la "beca parcial" en la historia. La creas mejorando tu oferta principal con un descuento, una bonificación o modificándola ligeramente con respecto al gran premio para justificar éticamente una reducción del precio (utilizando el gran premio como referencia de precio). Cuanto mayor sea el descuento, más atractiva será la oferta. Por lo tanto, cuanto mayor sea el valor que asignes a tu gran premio, mejor.

Recuerda que los clientes potenciales participaron en la oferta promocional porque les interesó el gran premio. Esto te permite obtener clientes potenciales comprometidos, ya que les ofreces con descuento algo *en lo que ya habían mostrado interés*. Denomina tu oferta promocional (lo que venderás a todos los demás) como quieras para tu sorteo: beca, tarjeta regalo, descuento, crédito en la tienda, vales, etc.

Pedir información de contacto. A cambio de la oportunidad de ganar, pide permiso para contactarte con ellos de la forma que prefieras para promociones posteriores. Además, comprueba si *cumplen los requisitos* para calificar para el premio y pídeles que realicen *las acciones necesarias para ello.*

Elegibilidad. Les pregunto si son adecuados para mis productos. Por ejemplo, *"¿Tienes una clínica veterinaria?"* O preguntas más basadas en el carácter o las necesidades, como *"¿Por qué deberías ser seleccionado?"*

Acciones para calificar. Otras cosas que deben hacer los participantes para tener la oportunidad de ganar. También las utilizo para que promocionen mi sorteo o demuestren un mayor interés. Por ejemplo: asistir a una llamada o un evento, publicar algo, unirse a un grupo, etc.

Poner una fecha límite al sorteo para añadirle urgencia. Establece una fecha para el sorteo del gran premio. Haz que tu sorteo sea más **urgente** haciéndolo disponible solo por un tiempo limitado. Me gusta que sea de tres a siete días desde el día en que empiezo a promocionarlo. Tan pronto como los clientes potenciales participen en el sorteo, actualízalos diariamente. En primer lugar, hazles saber cuánto tiempo les queda hasta que anuncies al ganador. Puedes hacerlo por correo electrónico, mensajes directos, SMS, publicaciones en redes sociales, etc. Hazlo tantas veces como sea razonable. Una vez al día en todas las plataformas está bien. En segundo lugar, aporta valor junto con tu cuenta atrás. Muestra a todo el mundo las ventajas del gran premio, lo emocionados que deberían estar y *remíteles a las pruebas sociales.* ¡Mantén vivo el entusiasmo!

Consejo profesional: Susurra, provoca, grita

Una vez que las personas participan en el sorteo gratuito, puede ser útil pensar en la cuenta atrás como un mini lanzamiento del producto. Así que consulta el capítulo "Afiliados y socios" de *Prospectos de $100M* para obtener información detallada sobre los lanzamientos.

Anuncia al ganador del gran premio y empieza a contactar con todos los demás. Anuncia públicamente al ganador del gran premio y, a continuación, envía un mensaje privado a todos los demás que cumplan los requisitos para tu oferta principal. Lo hermoso de esto es que todos *los demás califican para tu oferta promocional.* Notifícalos por mensaje de texto, correo electrónico y mensajes directos. En ese mensaje, pídeles que programen una llamada porque cumplen los requisitos para algo más. Si necesitas una razón, simplemente di que sus respuestas o su historia te parecieron tan interesantes que te sentiste obligado a darles algo solo por el hecho de participar. Piensa en tu oferta promocional como un "trofeo de participación".

Para asegurarte de que canjeen la oferta, añade otra fecha límite. Haz que la oferta promocional (beca, tarjeta regalo, descuento, crédito en la tienda, vale, etc.) caduque en siete días. La segunda cuenta atrás funciona igual que la primera: muestra las ventajas, más pruebas sociales y más aspectos valiosos de tu oferta. Ofrece a los clientes potenciales la posibilidad de reservar una llamada para canjear la oferta promocional.

Explica la relación costo-valor *utilizando su descuento*. Mi regla general: haz que el descuento de tu oferta principal sea igual al 10% - 30% de tus márgenes brutos. Supongamos que anunciamos un gran premio con un valor de 5.000 dólares y un precio de venta al público de 2.000 dólares. Todos los demás lo obtienen por 1.800 dólares (un descuento del 10% sobre el precio de venta al público). Cuando les informamos de que han cumplido los requisitos *para obtener algo,* les explicamos que obtendrán 5.000 dólares de valor por un costo de 1.800 dólares. Al comparar el valor del artículo con lo que realmente pagan, ¡un descuento del 10% se convierte en una diferencia del 64% entre el costo y el valor!

Conclusión: recuerda que todos los que participaron en el sorteo mostraron interés en tu producto. Y si alguien muestra interés en algo que tú ofreces, *ofréceselo*.

Ejemplos de sorteos gratuitos

Oferta de dentista: Sorteo gratuito de una sonrisa perfecta.

Gran premio: un juego gratuito de brackets invisibles, con un precio de venta al público de 6.000 dólares.

Oferta promocional: tarjeta regalo de 2.000 dólares para brackets.

Oferta de productos físicos: Un año gratis de comida orgánica para perros.

Gran premio: un año gratis de comida orgánica para perros, con un precio de venta al público de 1.000 dólares.

Oferta promocional: tarjeta regalo de 300 dólares para comida para perros, *solo válida con una suscripción de un año.*

Oferta de servicios: Gran sorteo definitivo gratis

Gran premio: paquete gratuito de un año, con un precio de venta al público de 5.000 dólares.

Oferta promocional: vale de 2.000 dólares canjeable por un contrato de servicio por un año.

Oferta de consultoría: Sorteo gratuito de un cambio radical en 16 semanas

Gran premio: cambio radical en 16 semanas, con un precio de venta al público de 12.000 dólares.

Oferta promocional: beca parcial de 6.000 dólares.

Notas importantes:

Consulta con un asesor legal sobre cómo estructurar tu sorteo. No soy asesor legal, pero considero que estas son obviedades debido a mi forma de hacer negocios: alguien tiene que ganar el gran premio. Deja claro en las reglas cuál es el gran premio y cuáles son los requisitos para ganarlo. Deja claro que más de una persona puede ganar un premio. Consulta con tu asesor legal sobre el resto de los detalles.

Criterios de elegibilidad para conseguir que más clientes compren tu oferta principal. Más personas aceptarán tu oferta principal si puedes hacer que el valor parezca *específico* para ellos. Hago preguntas como estas para obtener información valiosa: ¿Por qué deberíamos elegirte? ¿Por qué este programa? ¿Por qué ahora? ¿Por qué es importante para ti? ¿Cuál es tu objetivo? Etc.

Dicho esto, cuanto más difícil sea participar, menos gente lo hará, pero más calificada estará, *así que encuentra el punto ideal*.

Si tu sorteo no funciona, significa que tu gran premio no era lo suficientemente grande.

Una de las empresas de mi cartera organizó un sorteo, y apenas generó interés. ¿Su gran premio? Entradas para su evento. No era nada atractivo. Les dije que los *grandes* premios solo funcionan si son realmente grandes. Lo intentaron de nuevo con un lote de equipos por valor de 50.000 dólares de un conocido proveedor del sector, *además de* su producto estrella durante un año. Y, esta vez, fue todo un éxito (sorprendente).

Cuando tienes algo increíble que regalar *y* lo publicitas adecuadamente, los clientes potenciales acuden en masa. Y "sorteo" se explica por sí mismo. Así que, si nadie pica, te sugiero que regales algo mejor. O, al menos, algo más atractivo *para el público*.

Regala dos premios para duplicar los clientes potenciales. Si regalas un premio, está bien. Pero si regalas dos grandes premios, puedes conseguir el doble de clientes potenciales (o más). Así es como se hace. Solo tienes que decirles a todos que si alguien a quien recomiendan gana el gran premio, ellos también ganarán uno. De esa manera, obtienen "participaciones" ilimitadas en el concurso al recomendar a sus amigos. Esto hace que más personas recomienden (y trabajen juntas). Esto también proporciona un beneficio oculto. Las personas que recomiendan se involucran en el éxito de sus recomendaciones. Esto mantiene la calidad y el interés altos. Aquí hay un ejemplo que hice para Skool.com, una plataforma de la que soy copropietario para que las personas creen y moneticen comunidades.

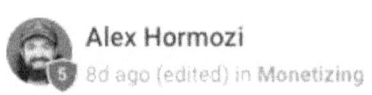

Alex Hormozi
8d ago (edited) in Monetizing
Watch (27)   ...

Recomienda a un ganador y tú también ganarás

Muchos de ustedes están invitando a amigos a participar en los juegos con ustedes. Y esa es la idea. Hacer que los negocios sean divertidos. Para fomentar esto aún más, vamos a añadir un nuevo incentivo.
→Si una persona que recomiendas queda entre los 10 primeros, TÚ TAMBIÉN PUEDES PARTICIPAR. Es decir, si ellos ganan, tú ganas.

Y, como recordatorio:
Por cada persona que recomiendes a Skool, obtendrás una comisión del 40% de por vida.

Todo el mundo acabará acudiendo a Skool. Y solo se puede recomendar a una persona una vez. Así que, como tú eres de los primeros, tienes más oportunidades de recomendar a gente. Por eso te animo a que los recomiendes antes de que lo haga otra persona (o de que vengan por su cuenta).

Imagina que hubieras recomendado Facebook a todos tus amigos antes de que todo el mundo lo usara. Es lo mismo, pero mejor, porque realmente les estás ayudando a aprender y crecer (y además obtienes una comisión).

Para recomendar a alguien, comparte tu enlace de recomendación aquí.
(https://www.skool.com/games/affiliates)

PD: Tendrás más probabilidades de ganar los juegos si las personas que recomiendas ya tienen una audiencia que impulse su grupo de forma inmediata.

Escasez, escasez, escasez. Limita tu sorteo por tiempo, número de participaciones o ambos. Puedes realizar sorteos durante un período de tiempo específico (por ejemplo, siete días), con un número específico de participaciones (por ejemplo, 5.000 participantes) o ambos. A mí me gusta usar ambos. Hago coincidir el número de personas que dejo participar en el sorteo con el número de personas con las que tengo tiempo y recursos para conectar en siete días. Cualquier cosa más sería una pérdida de tiempo.

Urgencia, urgencia, urgencia. Añado urgencia en tres aspectos: para participar, para reclamar y para usar. Deja claro en los anuncios cuánto tiempo tienen para participar. Una vez que anuncies al ganador o ganadores, hazles saber cuánto tiempo tienen para reclamar su premio. Cuando lo hagan, programa su llamada para el mismo día o para el día siguiente (si puedes). Una vez que les hayas comunicado lo que han ganado, diles cuánto tiempo tienen para usarlo. Me gusta poner límites de horas, pero he llegado a los cinco días. En resumen, *siempre debes establecer plazos.*

Ten disponibles ofertas de venta descendente (*downsells*). Algunos no querrán o no podrán comprar tu oferta promocional, incluso con el descuento o el bono. Y está bien. Así es como yo lo encaro: al comienzo de la llamada, hazles saber que han cumplido los requisitos para obtener dos premios. Y que tú les ayudarás a encontrar la opción que más les convenga. A continuación, presenta primero tu oferta promocional, es decir, el descuento en el gran premio. Si lo aceptan, ¡genial! Si no, ofrece el mismo porcentaje de descuento en cualquier otro producto que tengas que les resulte interesante.

Si tienes un negocio con ingresos recurrentes, aplica su descuento durante el período más largo que acepten. Luego, configura su suscripción mensual para que se facture automáticamente a las tarifas normales una vez finalizado el período de descuento.

Puntos clave

- En esencia, los sorteos piden al público que se inscriba para obtener algo de gran valor tuyo de forma gratuita. Muchos participarán, pero solo uno ganará. El resto tendrá derecho a descuentos en tu oferta principal.

- Elige un gran premio que la gente quiera.

- Regala dos premios si quieres que más gente participe. Diles que si alguien a quien recomienden gana, ellos ganarán el otro premio.

- Ofrece la oportunidad de ganar el gran premio a cualquiera que participe *y* cumpla los requisitos.

- Puedes obtener información muy valiosa de cada cliente potencial, ya que puedes incluirla en el proceso de participación. Obtén información que indique cómo tu oferta les aportará valor. Esto es importante para realizar ofertas más adelante.

- Anuncia tu sorteo durante siete días, o hasta que el número de clientes potenciales supere el número de personas a las que puedes llamar en siete días, lo que ocurra primero.

- Concierta citas telefónicas con todos los demás para que reclamen su oferta promocional. Utiliza cualquier "motivo" que te parezca adecuado.

- Establecer una fecha límite para que las personas reclamen su premio hace que sean más propensas a hacerlo.

- Si alguien rechaza tu oferta principal, ten otro producto o servicio con descuento.

- Quizá sea algo que se adapte mejor a su interés.

UN REGALO PARA TI: Capacitación adicional en sorteos.

Los regalos promocionales son una de las ofertas más atractivas que existen. Son tan buenos que es necesario regularlos. A ver, ¿quién no quiere algo "gratis", verdad? He creado un video de capacitación gratuito que trata este tema en profundidad. Si te gusta tanto como a mí, puedes verlo en acquisition.com/training/money. Como siempre, también puedes escanear el código QR si odias teclear. ¡Disfrútalo!

Oferta señuelo

¿Cuál crees que te dará mejores resultados?

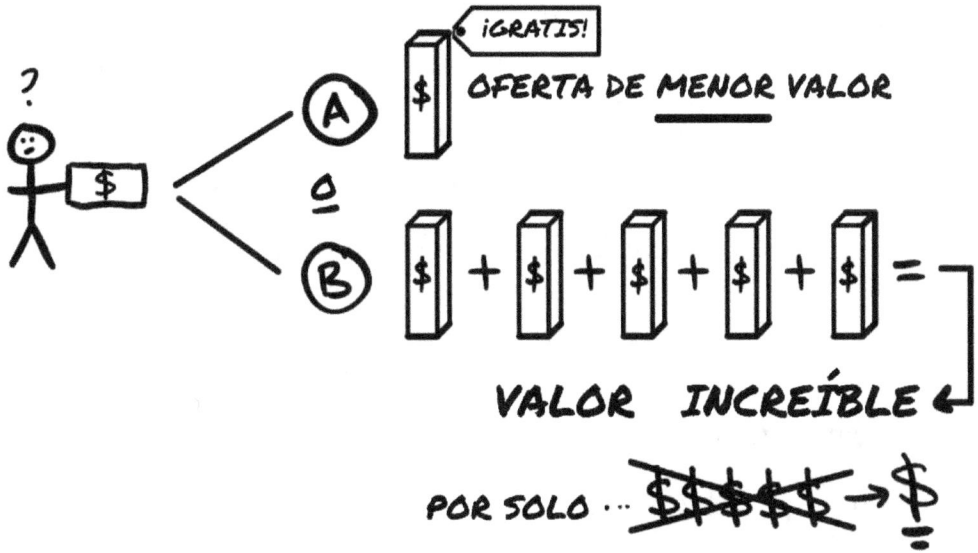

Junio de 2014.

John, otro de mis primeros mentores, se jubiló anticipadamente. Pasó su jubilación criando a sus hijas, jugando al golf y disfrutando de su casa del lago. Era un hombre que había vivido mucho.

De vez en cuando, me invitaba a su casa del lago. Y durante esos largos viajes en coche, me enseñaba cosas sobre la vida y los negocios que sigo aplicando hoy en día. Como la diferencia entre precio y valor, las ventajas y desventajas de las ofertas de bajo costo, los modelos de negocio de gran volumen y bajo precio, las diferencias entre las suscripciones recurrentes y las transacciones únicas y el arte de mantener *la sencillez* en los negocios y en la vida.

John era una compañía estupenda. Muchas veces deseaba que pudiéramos conducir sin parar para poder empaparme de su sabiduría. Para él, esta historia que te voy a contar no fue más que otra historia para pasar el rato. Pero para mí, fue una lección que jamás olvidaré:

El pase VIP de bronceado de 5 días por 5 dólares/día.

"Verás, lo bueno del pase de 5 días es que todo el mundo cree que puede broncearse en cinco días. Y realmente pueden hacerlo. Pero nunca se broncean tanto como quieren. Y si intentan "acelerar el proceso", se queman. Por eso, cuando alguien viene con un pase, le preguntamos qué tono de bronceado quiere conseguir. En cuanto dicen que quieren conseguir unos tonos más, les damos 'la charla del pavo'".

41

"¿Qué es eso de la charla del pavo?", pregunté.

John sonrió y continuó. "Digamos que un pavo de Acción de Gracias tarda tres horas en cocinarse. Todos sabemos lo que pasa si se duplica la temperatura para cocinarlo en la mitad de tiempo: ¡se quema! Se necesitan al menos entre cinco y diez sesiones para conseguir el color deseado *sin que se queme*. Y como hay que dejar pasar un tiempo entre sesiones, siempre se tarda más de cinco días. Una vez que se dan cuenta de eso, les decimos:

"Vamos a descontar tu pase VIP al primer mes. ¿Por qué pagar tantos pases diarios de 25 dólares cuando los socios tienen acceso ilimitado por solo 19,99 dólares?

"Inmediatamente ven el valor de la oferta y se hacen socios. Así de fácil".

Cinco años después…

"Oye, jefe, tenemos un problema".

Oh, no… "¿Qué pasa?", dije.

"Nuestros prospectos de fitness se han vuelto demasiado caros. Los que saben vender siguen sacando adelante el negocio, pero la mayoría apenas alcanzan el umbral de rentabilidad".

"Vaya, al final ha pasado", dije. Me llevé las manos a la frente. Sabía que esto iba a pasar. Y la verdad es que lo temía.

Durante semanas intenté darle un "giro" a nuestra oferta anterior. Un giro nuevo o interesante nos daría más tiempo, pero hasta ahora todos nuestros intentos habían fracasado. *Mierda.*

"¿Tienes alguna otra oferta bajo la manga?", preguntó.

Me devané los sesos y entonces recordé el pase VIP de bronceado por 5 dólares. *Eso podría funcionar.* "¿Por qué no ofrecemos algo súper barato para conseguir clientes potenciales, pero cuando vengan, les hacemos una oferta increíble que cuesta más pero es 100 veces mejor? Pueden seguir quedándose con lo barato, pero les explicaremos que obtendrán resultados mucho mejores con más apoyo, más responsabilidad, coaching de nutrición, etc.".

"Sí, puedo poner en marcha algo así".

Unas semanas después…

"Alex, creo que lo hemos conseguido".

"¡Genial! Cuéntame".

"Bueno, ofrecemos dos opciones. La primera opción es gratis. Ofrecemos una sesión por semana. La segunda opción es una versión "Definitiva" por 399 dólares. Incluye sesiones ilimitadas, entrenamiento individualizado, contenido más personalizado y la garantía de que obtendrán resultados o repetirán el programa de forma gratuita…"

"Vaya… esa garantía es *muy sólida*. ¿Cuál es la tasa de aceptación?".

"Hemos conseguido que aproximadamente ocho de cada diez personas elijan la opción de 399 dólares. La estamos rompiendo".

"¡Genial, vamos a escalarlo!".

***

John era un vendedor brillante y un profesor paciente. Su filosofía de *dar a los clientes lo que quieren ahora, para poder darles lo que necesitan más adelante*, ha influido en muchos aspectos de mi forma de hacer negocios. También inspiró la oferta que salvó mi gimnasio. Pero lo más valioso que aprendí de él fue: "Tienes que saber mejor que ellos mismos qué es lo que les da resultados a los clientes. Esto hace que nuestra oferta premium sea la solución clara". Y convertir nuestra oferta premium en la solución clara es precisamente de lo que se tratan las ofertas señuelo.

Descripción

Las ofertas señuelo anuncian algo gratis o con descuento. Luego, cuando los clientes potenciales solicitan más información, *también* les presentas una oferta premium más valiosa. La oferta premium ofrece más funciones, ventajas, bonificaciones, garantías, etc. Al comparar tus ofertas señuelo y tus ofertas premium, los clientes potenciales pueden ver cuánto más valiosa es tu oferta premium. Me gustan las ofertas señuelo porque atraen a más clientes en general. Los clientes eligen entre la versión señuelo o la versión premium. Si eligen la premium, genial. Si eligen el señuelo, también genial. Te da tiempo para mejorar la oferta en lugar de perderlos. Pero, en cualquier caso, puedes cerrar la venta con todos. Esto hace que conseguir nuevos clientes sea barato y rentable. Y *cualquier* empresa puede usar esta estrategia.

Estos son los pasos para hacer una oferta señuelo:

1) Anuncia una versión inferior, más pequeña, más sencilla o de menor valor que tu oferta premium como señuelo.

2) Cuando los clientes potenciales se interesen, ofréceles ambas opciones, pero enfócate en la premium.

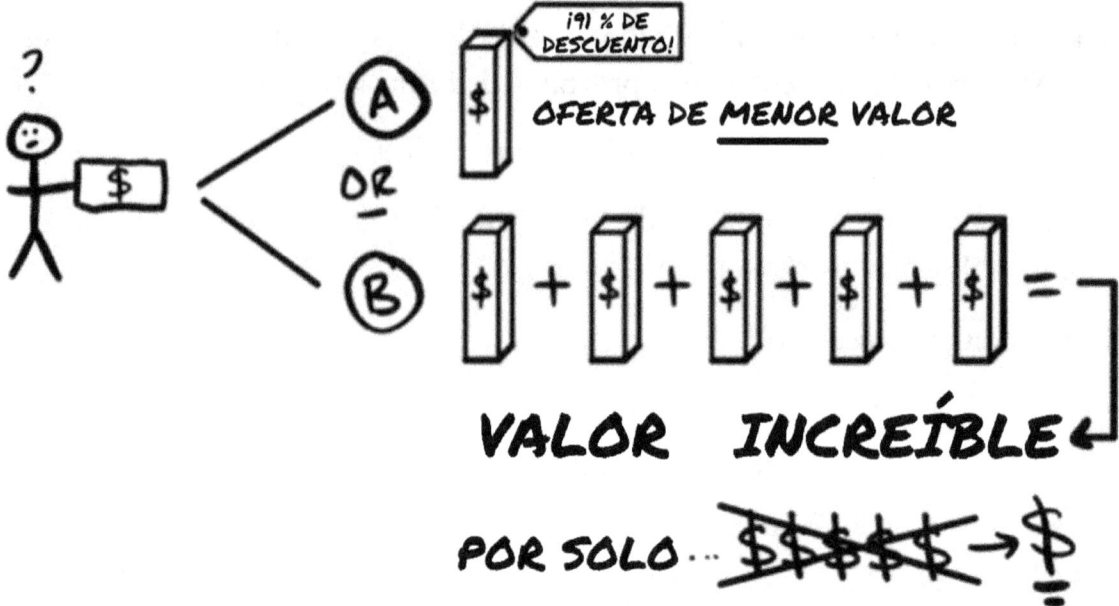

Ejemplos

Oferta del puesto de limonada (productos físicos)

Oferta de atracción: "Semana gratis de limonada" **O** "Semana de limonada por $1".

Opción señuelo: "Puedes comprar esta agua + limón en polvo + jarabe de maíz" O…

Opción Premium: "Limones italianos orgánicos, totalmente naturales, veganos, sin gluten, importados de Italia, que se procesan en frío y se envían directamente a tu puerta. Nunca más tendrás que perder tiempo yendo a la tienda. Te sentirás como un cachorro de labrador persiguiendo mariposas todo el día. También ofrecemos otros sabores, como nuestra limonada espumosa de agua de rosas".

Centro de SPA (servicio)

Oferta de atracción: "Una semana gratis de liberación de estrés" **O** "Libérate del estrés por $6 durante 6 semanas".

Opción de señuelo: Una sesión de masajes relajantes al mes con ejercicios de alivio del estrés para hacer en casa.

Opción Premium: Dos sesiones semanales durante 6 semanas, asesoría 1 a 1, seguimiento diario, rutina de sueño. Satisfacción garantizada.

Oferta de gimnasio (negocio local)

Oferta de atracción: "Transformación gratuita en 21 días" **O** "Transformación en 21 días por $21".

Opción señuelo: Entrenamientos realizados en un grupo de Skool.com una vez al día. Un plan de nutrición general. Se pueden ver las grabaciones. Sin asistencia. Sin garantía.

Opción Premium: Entrenamientos ilimitados, plan de nutrición personalizado, responsabilidad individualizada 1 a 1, resultados garantizados (o te otorgamos otros 21 días gratis).

Notas importantes

Cómo hacer tu oferta señuelo. Ofrece menos componentes, modelos más antiguos o menos versiones personalizadas de tu oferta premium. Además, elimina cualquier garantía. Tu oferta de atracción solo tiene que conseguir que los clientes potenciales se interesen. Nada más.

Anuncia las ventajas, no las características. Queremos venderles el resultado soñado. Anunciamos una *transformación* en 21 días, no entrenamientos y planes de comidas. Los clientes potenciales obtienen detalles específicos del producto en la presentación de ventas, ¡*no* en la publicidad! Tanto un jet privado como un bote de remos pueden llevarte a una isla exótica, pero la opción premium será sin duda más agradable.

Puedes anunciar descuentos de cuatro maneras diferentes. Supongamos que tienes un programa anual que cuesta 100 dólares al mes. Si quieres que paguen solamente 900 dólares por todo el año, puedes anunciar:

1) El porcentaje de descuento: 25% de descuento

2) El importe absoluto: $300 de descuento

3) La parte gratis: 3 meses gratis

4) El paquete completo: un año por $900 (~~$1.200~~)

Todas significan lo mismo. Vale la pena probar cuál convierte mejor en tu mercado.

Haz que el contraste sea enorme. El valor de la opción premium proviene de las enormes diferencias con la opción señuelo. Por lo tanto, haz que la opción señuelo sea lo más básica posible. Luego, haz que la opción premium sea lo más impresionante posible. Cuanto mayor sea el contraste, *mejor* será *la oferta* y más clientes la tomarán.

Las ofertas con descuento tienen mayores tasas de asistencia que las ofertas gratuitas. Según mi experiencia, si lanzas una oferta de atracción gratuita, obtendrás más clientes potenciales. Si lanzas una oferta con descuento, obtendrás menos clientes potenciales, pero se presentará un porcentaje más alto de esos clientes potenciales. Por lo tanto, si tienes bajas tasas de asistencia a las citas, prueba con una oferta con descuento. Esto es especialmente importante para los negocios en los que el costo de que alguien no se presente a la cita es elevado (por ejemplo, médicos, abogados, dentistas, etc.).

Si **es posible, presenta primero la oferta premium.** En un mundo ideal, aceptarán la oferta premium inmediatamente. La oferta señuelo se quedará en tu bolsillo. Si vienen específicamente a pedir la opción señuelo por adelantado…

Consigue que te den permiso para venderles. Si te piden información sobre tu oferta señuelo, estás legalmente obligado a presentarla, o si prefieres presentarla primero, así es como me gusta hacerlo:

Hazles una pregunta sencilla: "¿Estás aquí por cosas gratis o por *resultados duraderos?*".

Y tan pronto como respondan "resultados", como hace la mayoría de la gente, pasa directamente a tu oferta premium.

Si dicen "cosas gratis", presenta la oferta señuelo y compárala inmediatamente con tu oferta premium. Solo <u>después</u> de presentar <u>ambas</u>, pregúntales "*cuál crees que te ayudará a alcanzar tu objetivo más rápido?*" O "*¿Qué prefieres: esta opción con menos valor, o esta otra con mucho más valor en beneficios?*" En este punto, tendrán que optar por la oferta premium. Así podrás avanzar en la venta, asegurándote de que ambos estén de acuerdo en que es lo mejor para ellos.

Cuando hagas tu oferta premium, *muéstrate entusiasmado con ella.* Preséntala como superior a la oferta señuelo, porque lo es. Y, asumiendo que lo es, explica cómo se adapta mejor al cliente. Tu entusiasmo motiva a las personas a elegir las opciones que les aportarán más valor.

Desde el punto de vista de las ventas, es conveniente hablar con el cliente potencial como si ya supieras que aceptará tu oferta. Muchos vendedores se refieren a esto como un "cierre asumido". Actúas desde la siguiente postura: *"Esto es lo que hace todo el mundo. Solo es una formalidad. Permíteme tu documento de identidad y tu tarjeta de crédito para que puedas obtener tu valor.* Sin exageraciones. Solo con una actitud amistosa. Casi aburrido por la regularidad con la que la gente compra".

Beneficio sorpresa (opcional). Para ir un paso más allá, si alguien elige la opción señuelo, puedes optar por sorprenderlo con algunas funciones de bajo costo o sin costo de tu oferta premium. Solo tienes que decir algo como "Oye, te voy a incluir esto, aunque forma parte de nuestra oferta premium, porque quiero que obtengas excelentes resultados". Esto genera buena voluntad, supera las expectativas y aumenta las posibilidades de que acepten tus ventas adicionales más adelante. Recuerda: ¡siguen siendo prospectos!

Puntos clave

- Las ofertas señuelo anuncian algo gratis o con descuento. Luego, cuando los clientes potenciales solicitan más información, *también* les presentas una oferta premium más valiosa.

- Haz que la opción premium sea *mucho* más valiosa que la opción señuelo añadiendo más prestaciones, ventajas, bonificaciones y garantías.

- Reduce tu oferta señuelo tanto como sea razonable.

- Cuando los clientes potenciales pregunten por tu oferta señuelo, preséntales tu oferta premium justo al lado.

- Pregunta "¿estás aquí por cosas gratis o por resultados duraderos?" para obtener permiso para ofrecer primero la opción premium.

- Aún puedes ganar dinero con los clientes potenciales que eligen la opción señuelo. Aprenderás la mejor manera de ofrecer tu producto señuelo *y* maximizar las ventas adicionales a partir de él.

- Espera ganar dinero rápidamente. Si no es así, amplía más el contraste entre ambas ofertas para que la diferencia sea más evidente.

UN REGALO PARA TI [sin necesidad de suscribirte]: Capacitación sobre ofertas señuelo.

Las ofertas señuelo son una de las ofertas más flexibles para atraer clientes. Solo necesitas saber más sobre el problema de tus clientes que ellos mismos. Además, son fáciles de enseñar a vender. Las he utilizado en diferentes sectores. Si quieres profundizar en el tema, he preparado un video con toda la información. Puedes verlo en acquisition.com/training/money. Como siempre, también puedes escanear el código QR si odias teclear.

Compra X y llévate Y gratis

¡Compra un cachorro y llévate dos gratis!

¡COMPRA X Y LLÉVATE Y GRATIS!

PRODUCTOS:

¡Compra 1 camiseta y llévate 2 gratis!

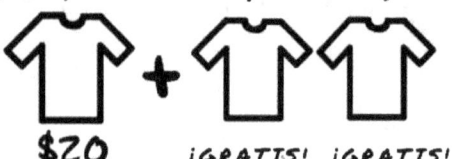

$20   ¡GRATIS! ¡GRATIS!

SERVICIOS:

Compra X /mes y llévate Y /mes gratis

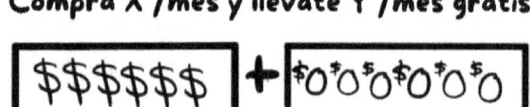

Centro de Nashville 2020.

Los bares y tiendas de este popular destino turístico abrían y cerraban constantemente, pero había una tienda que destacaba por encima del resto: *Boot Factory*. Su letrero de neón destacaba entre el caos visual de la calle como un cuchillo caliente en mantequilla. Una bota de vaquero más grande que mi coche me indicaba la puerta principal. No había duda de lo que querían que hiciera. Así que, por supuesto, obedecí. Y al acercarme, pude ver su oferta:

COMPRA UN PAR Y LLÉVATE DOS PARES GRATIS

Había pasado una década desde mi última visita a Nashville. Pero recordaba el cartel y la oferta de compra uno y llévate dos gratis como si fuera ayer. Cuando era joven y salía de bares, pensaba que la oferta era una tontería. "¿Cómo podían regalar tanto y seguir en el negocio?". Pero ahora, con algo de experiencia en crear ofertas, podía apreciarla.

Fui directamente a la sección de hombres y agarré unas botas. Curiosamente, el precio estaba rebajado dos veces, hasta una "oferta final" de 600 dólares por el par. Pero, ¡eran unas botas normales! El joven que había sido yo se habría burlado. Pero el hombre de negocios que soy ahora se dio cuenta de que se me había escapado algo. La tienda era mucho más grande que la última vez que la vi, así que la oferta claramente había funcionado. Entonces lo comprendí.

Cobraban el triple del precio por un solo par de botas porque venían con dos pares más. Así que, en lugar de decir "ven a *Boot Factory* y compra botas a un precio justo", ¡consiguieron crear una oferta que parecía gratuita! Incluso en los pocos minutos que estuve en la tienda, varias chicas entraron para comprarse botas haciendo juego. Y como *Boot Factory* estaba en medio de una calle llena de bares con temática vaquera, esto ocurría muy a menudo. Era *brillante*.

Descripción

En las ofertas "Compra X y llévate Y gratis", cuando los clientes compran algo, obtienen otros productos gratis. Cuantos más productos gratis obtengan y mayor sea su valor, mejor funcionarán. Las ofertas gratuitas llaman *mucho* más la atención que las ofertas con descuento. Pero si solo tienes un producto que vender y lo regalas, *te quedarás sin ingresos*. En situaciones como esta, las empresas tienden a recurrir a los descuentos. Organizan "rebajas" aprovechando las fiestas, los cambios de temporada o cualquier otra ocasión para bajar *temporalmente* los precios y atraer a más clientes.

Sin embargo, al vender más de un artículo a la vez, puedes convertir las ofertas con descuento en *ofertas gratuitas* aún más atractivas. Cuando tienes más de un artículo, puedes hacer que el valor del descuento sea lo suficientemente grande como para cubrir el precio de más artículos. Por ejemplo, podrías vender tres camisetas por 10 dólares cada una por un total de 30 dólares, *o* podrías vender una camiseta por 30 dólares y regalar dos. Es el mismo precio, ¡pero *con muchos más artículos gratis!*

Y si quisiera ofrecer un descuento (en lugar de *solo* reformular el precio), podría hacerlo. Podría vender tres camisetas por 6,67 dólares cada una, por un total de 20 dólares (33 % de descuento), *o* manteniendo el mismo descuento, podría vender una camiseta por 20 dólares y regalar dos. Es el mismo precio, ¡pero *con muchas más cosas gratis!*

Boot Factory optó por la primera opción. Triplicaron el precio de un par de botas y añadieron valor… con más botas. Y un par de botas caras con dos pares gratis atrae a *Boot Factory* más clientes que vender un par a un precio justo. Además, si puedes incluir *algo gratis*, atraes aún más clientes.

Ejemplos

Oferta de productos físicos. Compra 1 y llévate 2 gratis: (Oferta de *Boot Factory*)

- Un par de botas: $200

- Oferta "Compra X y llévate Y gratis": compra un par por $600 y llévate dos pares gratis.

- Resultado final: siguen comprando tres pares de botas de $200 cada uno, por un total de $600.

3 versiones: 18 meses de servicios, también conocido como "3 pares de botas".

- Buena: *"Compra 12 meses y obtén 6 meses gratis"* - $1.800.

- Mejor: *"Compra 9 meses y obtén 9 meses gratis"* - $1.800.

- Óptima: *"Compra 6 meses y obtén 12 meses gratis"* - $1800.

Todos pagan el mismo precio por la misma cantidad de servicio. <u>Pero la tercera opción es la más atractiva.</u> (Pista: ¡es la que incluye más cosas gratis!)

Notas importantes

Compra X y llévate Y gratis hace que la gente compre más cosas *y* ofrece más valor. Antes, algunas de mis empresas de servicios tardaban todo un año en obtener beneficios. Pero la oferta "Compra 6 meses y llévate 6 meses gratis" atrajo *a muchos* más clientes que la oferta original mensual. Y lo que es mejor, ¡te pagan por adelantado!

Sube los precios antes de regalar productos para mantener los beneficios. Si utilizas esto para atraer clientes, funcionará. Y como funcionará, necesitas ganar dinero. Por lo tanto, sube los precios *de forma permanente* para compensar el descuento. No mientas. Sube realmente los precios. Dado que esto es lo que atraerá a todos los nuevos clientes, tiene sentido ajustar los precios, al menos durante una temporada. Además, es posible que mucha gente siga aceptando tus precios duplicados a la carta y esto rompa tus creencias limitantes en torno a los precios. De nada.

Compra X y llévate Y gratis. Funciona mejor si tienes más productos gratuitos que pagos.

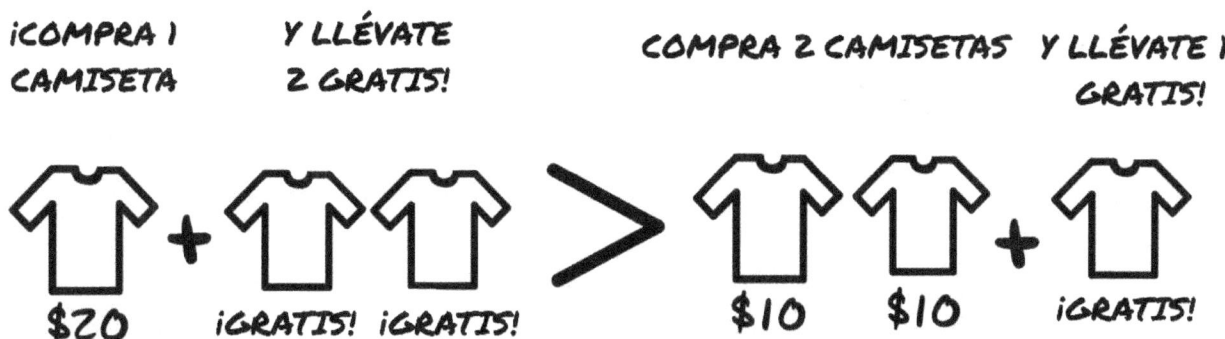

Veamos el segundo ejemplo. "Compra diez y llévate dos gratis" no es tan atractivo como "compra dos y llévate diez gratis". Parece obvio, pero, una vez más, la gente no lo ve así. Para que funcione mejor, regala más de lo que pides que compren. Simplemente juega con los precios hasta que te resulte lógico. "Compra uno y llévate dos" en lugar de "compra dos y llévate uno".

Las cosas gratis pueden ser diferentes de las cosas pagas.

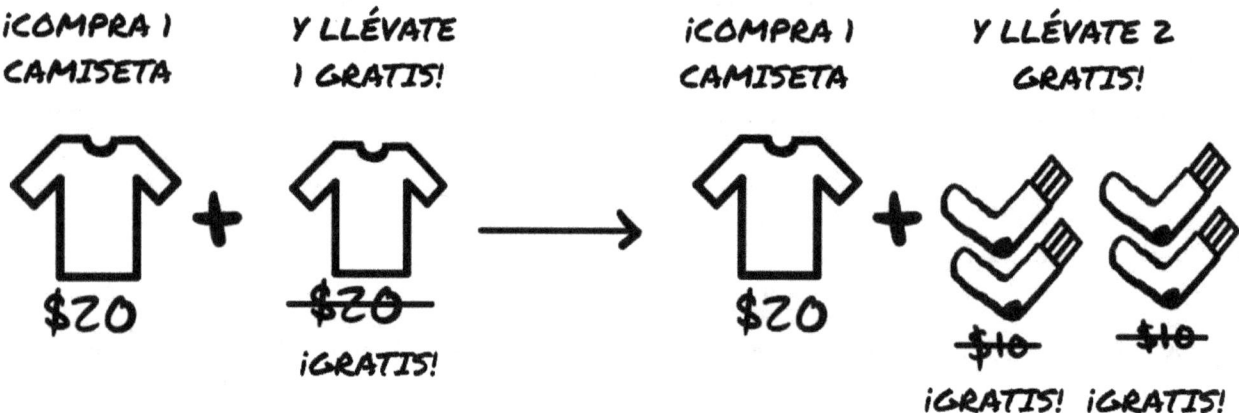

Cuando la gente empieza a hacer ofertas como esta, suelen combinar productos gratuitos y de pago. Pero tú puedes mezclar y combinar lo que quieras. Solo asegúrate de que el valor de los *diferentes* productos gratuitos siga haciendo que la oferta sea atractiva. Por ejemplo: supongamos que los calcetines tienen un valor de $10. Si compran una camiseta por $10 pero obtienen $20 en calcetines gratis, puede parecer una mejor oferta.

Más cosas gratis y más baratas pueden funcionar mejor que menos cosas gratis y más caras.

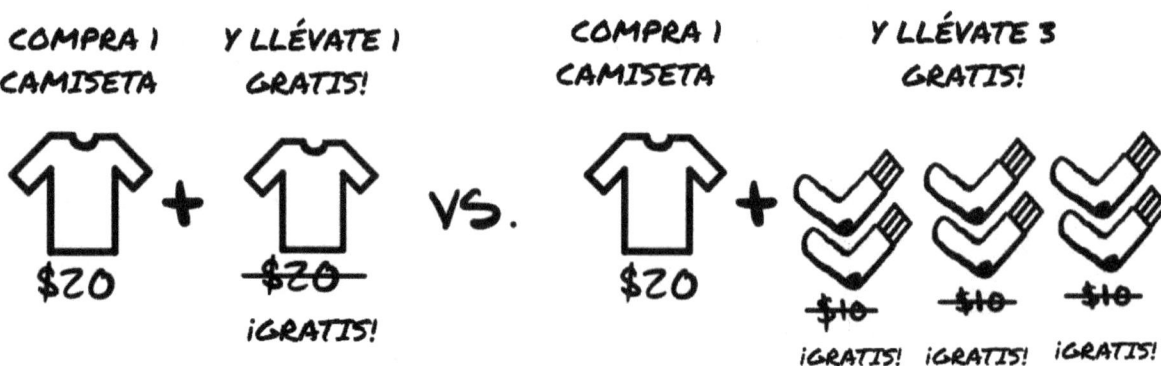

Volvamos al ejemplo de la camiseta. Supongamos que solo puedo permitirme regalar una camiseta, pero que por el mismo precio puedo regalar tres pares de calcetines.

Probablemente probaría la oferta "Compra una camiseta y llévate otra gratis" contra "Compra una camiseta y llévate tres pares de calcetines gratis". Los calcetines cuestan menos que una camiseta, pero la gente sigue viendo "compra una cosa y llévate tres gratis". A veces, *más* cosas baratas funcionan mejor que *menos* cosas caras.

En lugar de ofrecer un descuento del 33%, prueba la oferta de "Compra uno y llévate dos gratis".

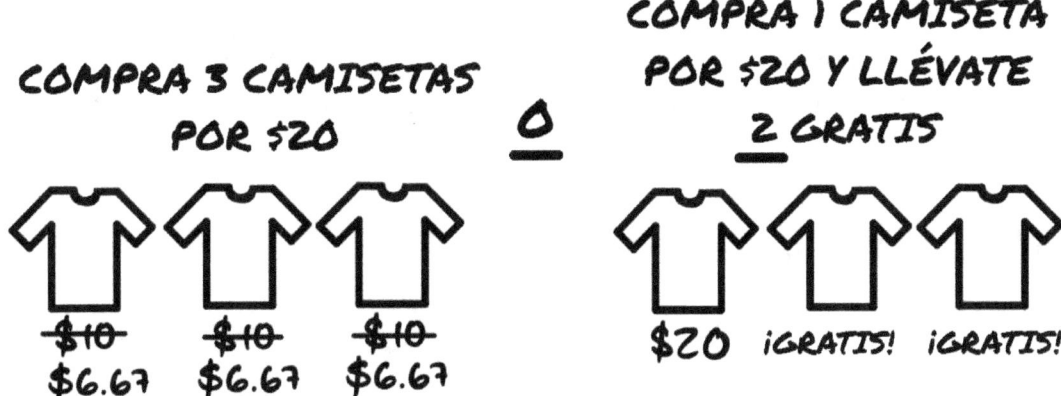

Aunque se puede estructurar para lograr lo mismo, algo gratis despierta más interés que un descuento. Más gente reconoce el valor de *lo gratis* que el valor de una camiseta. Por ejemplo, en lugar de vender camisetas de 10 dólares a 6,67 dólares cada una (33 % de descuento), puedes despertar más interés (y ganar más dinero) ofreciendo "compra una camiseta por 20 dólares y llévate dos gratis". Pruébalo.

No hagas ofertas como esta si no sabes administrar el dinero. Aunque las ofertas del tipo "Compra X y llévate Y gratis" generan un flujo de caja enorme para un negocio, tienes que cumplir lo prometido. Así que, si recibes los pagos de todo un año en un mes, *asegúrate de poder cumplir* durante todo el año. Presupuesta la cantidad correcta de dinero para atender a tus clientes durante la vigencia del contrato. No seas imprudente y te compres una casa con el dinero destinado a atender a tus clientes. Vender cosas que no puedes entregar es ilegal y *arruina* tu reputación. Cumple tus promesas.

Haz esta oferta a tus clientes actuales para obtener dinero rápido. Si ya tienes un negocio recurrente y necesitas dinero rápido, puedes hacer esta oferta a tus clientes actuales. Muchos estarán encantados de "comprar diez y llevarse dos gratis", incluso al precio actual. Solo tienes que limitar la oferta al 10% de tus clientes. Esto te proporcionará un buen ingreso extra *y* mantendrá un flujo de caja recurrente saludable.

No te preocupes. Los clientes de prepago siguen comprando cosas. Así que sigue vendiéndoles. Mucha gente cree que no debe hacer más ofertas a los clientes que han pagado por adelantado. Esto es un error. Hablando por experiencia, estas son las personas que más dinero gastan. Ofréceles otras ofertas y las comprarán. Al fin y al cabo, es posible que hayan pagado por adelantado hace meses. Sus carteras se han "renovado" con dinero nuevo que está deseando llegar a tu bolsillo. ¡No te interpongas en su camino!

Si los clientes solo compran una vez, haz que compren mucho. La *fábrica de botas* de mi historia atendía a turistas que querían lucirse en los bares de vaqueros locales. Esto significa que la mayoría de sus clientes solo harían *una* compra. Nunca más. Por esa razón, tiene sentido hacer que esa compra sea lo más grande posible. Solo hay que proporcionar el valor que lo respalde. Si solo tienes una oportunidad, ¡más vale que la aproveches!

Puntos clave

- En las ofertas "Compra X y llévate Y gratis", cuando los clientes compran algo, obtienen otros artículos gratis.

- La oferta "Compra X y llévate Y gratis" funciona con productos o servicios que tiene sentido comprar en mayor cantidad o a los que se quiere tener acceso durante más tiempo.

- La oferta básica "Compra X y llévate Y gratis" ofrece un nuevo enfoque de los precios. Comprar 1 y llevarte 2 gratis cuesta lo mismo que comprar 3, pero los clientes perciben la oferta gratuita como más valiosa. (Ejemplo: 18 meses de servicio)

- Intenta siempre ofrecer más cosas gratis que cosas pagas.

- Puedes combinar diferentes cosas gratuitas con tus cosas de pago.

- Algunas ofertas del tipo "Compra X y llévate Y gratis" ofrecen descuentos en el precio, de modo que comprar más artículos sale más barato por unidad que comprar el mismo número de artículos de a uno.

- Las ofertas "Compra X y llévate Y gratis" pueden alargar el tiempo que los clientes permanecen en tu negocio. Si los clientes habituales permanecen tres meses, entonces "Compra 2 y llévate 2 gratis" los mantendrá durante cuatro meses (o lo que tú establezcas). Esto te da más oportunidades para hacer más ofertas y proporcionar más valor.

- Si utilizas "Compra X y llévate Y gratis" para generar mucho dinero rápidamente, asegúrate de gestionarlo bien y cumplir tus promesas.

- Si necesitas dinero rápido, puedes hacer esta oferta a tus clientes habituales. Solo tienes que limitar la cantidad que vendes para seguir teniendo flujo de caja.

- Sigue vendiendo a los clientes que pagan por adelantado por largos períodos, ¡son los clientes más propensos a volver a comprar!

UN REGALO PARA TI: Compra X y llévate Y gratis Curso en video

"Compra X y obtén Y gratis", consigue mucho dinero y muchos clientes. Solo necesitas saber matemáticas. He creado un video gratuito para ti con algunas formas más creativas de utilizarlo. Puedes ver el video de forma gratuita en acquisition.com/training/money. Escanea el código QR si odias teclear.

ESCANÉAME

Paga menos ahora o paga más después

El tiempo es dinero. - Benjamin Franklin

Junio de 2016.

Un titular me llamó la atención: *"Duplica tu velocidad de lectura en 3 horas o adquieres el curso gratis"*. Abrí y eché un vistazo al texto. En él, el lector más rápido del mundo ofrecía una formación gratuita para duplicar la velocidad de lectura en tres horas. Así que me inscribí. ¿Por qué no?

La página de inscripción decía: "Puedes introducir tu tarjeta de crédito por $0 y te cobraremos 297 dólares mañana. Y si tu velocidad de lectura no se duplica, solo tienes que enviarnos un correo electrónico antes de esa fecha y cancelaremos el cargo. Pero debes asistir para poder optar a ello". *O* "Puedes pagar solo 97 dólares ahora mismo y, como bonificación gratuita, obtener las grabaciones, que no estarán a la venta en ningún otro sitio".

Me decidí por la primera opción. Quería ver si mi velocidad de lectura se duplicaba antes de pagar nada. Durante toda la formación, esperaba que me vendiera más cosas. Pero simplemente me aportó valor. Después de dos horas, utilizando sus tácticas, mi velocidad de lectura se duplicó. *Impresionante*. La formación había cumplido su promesa. Se ganó sus 297 dólares.

Después, me habló de cómo podía aprender a leer aún más rápido con su programa de entrenamiento de ocho semanas. Estaba satisfecho con mis resultados, así que decidí no aceptar la oferta adicional. Me enseñó una habilidad que sigo utilizando hoy en día. Pero el verdadero valor fue aprender una oferta de atracción completamente nueva.

Descripción

En "Paga menos ahora o paga más después", ofreces a las personas la opción de pagar el precio completo más adelante O pagar un precio con descuento ahora. Esta estrategia funciona muy bien porque eliminamos *todo* el riesgo para el cliente. Pagan más adelante *y* solo si les gusta. Así que combina las ventajas de un pago aplazado y una garantía de satisfacción. *Cualquiera puede vender esto.* Casi todo el mundo aceptará pagar más tarde si está satisfecho. Pero, una vez que aceptan pagar más tarde, puedes motivarlos para que paguen *ahora* con importantes descuentos y valiosas bonificaciones.

La opción *de pago posterior* te permite anunciarte como "gratis", ya que los clientes pueden elegir si pagar o no. Esto atrae a muchos clientes potenciales. Pero esta oferta gratuita tiene una ventaja añadida: *obtenemos tu tarjeta en nuestros archivos.* Si eliges esta opción y no te gusta el producto, puedes cancelarlo en cualquier momento antes de que se realice el cargo.

Si aceptan la opción *de pago posterior*, les hacemos una oferta de seguimiento para *que paguen ahora.* Las opciones *de pago inmediato* ofrecen un descuento del 20 al 50% y bonificaciones mayores. Y como ya tenemos tu tarjeta registrada, te facilitamos el pago.

Tanto si deciden *pagar ahora* como *más adelante*, tú tienes clientes y, probablemente, algo de ganancia. Pero, para aprovechar al máximo esta oferta, necesitarás algo más que vender. Así que ten algo *más, mejor y más nuevo* que ofrecer cuando llegue el momento adecuado. Y no te preocupes, en la siguiente sección profundizaremos en las ventas adicionales (upsells).

Ejemplos

Encuentra tu primer negocio inmobiliario: taller gratuito de 3 días

Paga después: $0 por un taller de 3 días. Se les cobrará $500 al final, a menos que cancelen.

Paga ahora: $299 por un taller de 3 días más grabaciones, una llamada 1 a 1 con un experto certificado en propiedades, además de materiales impresos para usar (entregados en el taller).

Venta adicional: $30.000 para guiarte en todos los pasos necesarios para cerrar tu primera operación en seis meses, *además de*: plantillas legales, asesores idóneos para evaluar la inversión, lista de verificación para la inspección, etc.

Servicio local para empresas: poda gratuita de cercos

Paga después: $0 por cortar el césped + podar los cercos, y luego $599.

Paga ahora: $369 por el corte del césped + el recorte de cercos + un tratamiento para el césped.

Venta adicional: $199 al mes por servicios de mantenimiento del jardín.

El representante acude a la casa, hace la cotización y ofrece ambas opciones, y luego hace la venta adicional después de completar el trabajo.

Productos físicos: Prueba de ropa por 14 días

Paga después*: $0 ahora. Recibes la prenda, y en 14 días te cobrarán $149.

Paga ahora: $97 por la prenda + un accesorio haciendo juego.

Venta adicional: La misma prenda viene con una oferta de suscripción mensual para más prendas como esa.

Los clientes deben devolver el producto en perfecto estado antes de que se realice el cobro para calificar para la garantía.

Notas importantes

Promete un resultado claro, sí o no. En primer lugar, haz que tu promesa sea un resultado claro, sí o no. En segundo lugar, asegúrate de que puedes cumplirla dentro del plazo establecido. Si no lo haces, te pedirán que no les cobres. Por ejemplo, si prometes aliviar el dolor de hombro de alguien, pídele que califique su dolor del 1 al 10 antes de hacer tu magia y luego pídele que lo califique después. Si ha bajado, has tenido éxito y puedes venderle algo más. Mantén la promesa simple, clara y medible. Esto evita cancelaciones innecesarias.

Ofrece una garantía de satisfacción _condicional_. *Las personas solo pueden cancelar la facturación si cumplen los requisitos.* Por ejemplo, yo tuve que asistir al curso de lectura para poder cancelar el cargo. Al fin y al cabo, no pueden decir que eres malo si nunca lo han probado. Así que asegúrate de hacer un seguimiento de las condiciones necesarias para cumplir los requisitos. Piensa en la asistencia, acudir a una cita, entregar datos, etc. Establece los criterios que deben cumplir las personas para sacar el máximo partido al producto. De esta manera, todos ganan.

Bonificaciones por tu opción "Pagar ahora". No me gusta cuando la gente repite contenido y lo llama nuevo. Por eso no quería ser así. Dediqué un capítulo entero a las bonificaciones en mi libro sobre ofertas: *Ofertas de $100M*. Puedes conseguir una copia del libro o ver el video de formación en mi sitio web de forma gratuita en: acquisition.com/training/offers.

Optimiza tus ofertas "Paga ahora" y "Paga después". Si demasiadas personas eligen la opción "Paga después", ofrece un mayor descuento en la opción "Paga ahora", añade mejores bonificaciones o haz ambas cosas. Si demasiadas personas eligen la opción "Paga ahora", haz lo contrario.

Si más del 10% de las personas que eligen "pagar después" cancelan su pago. Prometiste demasiado, las condiciones de garantía son demasiado bajas o el precio es demasiado alto. <u>Nota</u>: por muy bien que cumplas con tu parte, *algunas* personas cancelarán su pago. No pasa nada. Tenlo en cuenta en tus costos empresariales y sigue con tu vida.

Esto también funciona para negocios con ingresos recurrentes. Solo tienes que darles la opción de pagar una tarifa más alta 30 días después *o* pagar menos hoy y mantener la tarifa más baja para siempre. Además, añade algunas bonificaciones.

Si organizas eventos, talleres o presentaciones, da pistas sobre tu próxima oferta con antelación.

Si el gurú de la lectura hubiera dicho lo siguiente: *"Todo el mundo quiere saber cuándo empieza mi próximo curso intensivo de lectura porque se agotan muy rápido. Lo diré al final. Pero presten atención. Quiero cumplir la promesa que les hice de duplicar su velocidad de lectura primero".* Al insinuar su próxima oferta antes, habría vendido más. Permíteme explicarlo:

Solía hacer *muchas* consultorías sobre nutrición. La gente me interrumpía constantemente para preguntarme sobre suplementos. Eso me molestaba. Así que un día, cansado, solté: *"Todos quieren saber qué suplementos comprar. Llegaremos a eso, lo prometo. Pero, por favor, presten atención a la sección de nutrición, es más importante".* Sin querer, di a entender que todo el mundo compraba suplementos *sin ofrecérselos.* Y todas las miradas afirmativas que recibí demostraron que, en realidad, sí querían más productos. Todos estos factores hicieron que más gente comprara cuando finalmente pudieron preguntar. Un error afortunado que me aseguré de repetir.

Puntos clave

- Las ofertas "Paga menos ahora o paga más después" ofrecen a las personas la opción de pagar el precio completo más adelante O pagar un precio con descuento *y* bonificaciones adicionales… *si pagan ahora.*

- La opción *"Paga después"* tiene un pago aplazado con una garantía condicional.
  - Establece criterios claros para poder optar por la garantía y formas sencillas de medirla.
  - Si es posible, alinea los criterios con lo que aporta más valor a las personas del producto.

- La opción *"Paga ahora"* ofrece un descuento del 20 al 50 % y bonificaciones *si se paga ahora.*
  - Ofrece a los clientes la opción de pagar ahora después de que acepten la opción de pagar más tarde.

- o Si eligen pagar ahora, obtienen el descuento y las bonificaciones en lugar de la garantía.

- Haz que tu promesa sea fácil de seguir, difícil de refutar y con un resultado claro de sí o no.

- Si tienes más del 10% de cancelaciones, es que prometiste demasiado, las condiciones de garantía son demasiado bajas o el precio es demasiado alto.

  - o Además, presta especial atención a aquellos que afirman no haber recibido lo prometido antes de la fecha límite de cancelación.

UN REGALO PARA TI: Capacitación "Paga menos ahora, paga más después" [Sin suscripción]

Esta es una de las ofertas más creativas que he visto o utilizado en mi vida. Funciona excepcionalmente bien con productos digitales y servicios de corta duración. Pueden ser tremendamente eficaces y también "hacerte sentir bien". Además, es muy fácil enseñar a los vendedores a utilizarlas. Si deseas obtener más información al respecto, he preparado una capacitación más detallada para ti de forma gratuita en acquisition.com/training/money. Escanea el código QR para acceder de forma rápida y sencilla.

Oferta gratuita de buena voluntad

Quien dijo que el dinero no puede comprar la felicidad, no ha dado lo suficiente.

"En 2018 quedé tetrapléjico y vivía de la asistencia social hasta que encontré tu contenido y tu libro… En los siguientes 12 meses gané 50.000 dólares como freelancer". - Danny W.

Tengo una pregunta para ti…

<u>¿Ayudarías a alguien que no conoces si no te costara nada, aunque no obtuvieras ningún reconocimiento a cambio?</u>

La mayoría de la gente, de hecho, juzga un libro por su portada. Así que aquí va mi petición en nombre de un emprendedor en apuros al que nunca has conocido: **por favor, ayuda a ese emprendedor dejando una reseña de este libro. Tu reseña puede ayudar a…**

…una pequeña empresa más como la de Bill que presta servicio a su comunidad. En palabras del propio Bill*: "Abrí una pizzería a principios de 2022, poco después de descubrir Ofertas de $100M. Las ventas empezaron lentamente, ¡pero lo logramos! Después de leer Prospectos de $100M, implementamos muchas cosas, como pedir a los clientes que hicieran donaciones al banco de alimentos local a cambio de la posibilidad de ganar pizza gratis durante un año. He perdido la cuenta de cuántos clientes nuevos hemos conseguido haciendo estas acciones comunitarias. Esto demuestra sin lugar a dudas que estas cosas funcionan para cualquier tipo de negocio. ¡Gracias!"*

…un emprendedor más como Thomas a mantener a su familia. En palabras del propio Thomas: *"Después de diez años, me despidieron de mi trabajo de 9 a 5. Pero entonces encontré tu libro y abrí una empresa de guías turísticos en Colorado. ¡Dos años después, ya tenemos cinco empleados! Literalmente, apliqu*é lo que *aprendí y construí mi sueño. Ahora mis hijos y mi esposa son más felices que nunca".*

…un empleado más como Miguel a buscar un trabajo más significativo. En palabras del propio Miguel: *"Recibí el libro como regalo y decidí pasárselo a mis seis empleados. Desde entonces, nuestro negocio ha experimentado una transformación notable y sigue creciendo mes a mes. No solo eso, sino que también se lo di a los freelancers que trabajan para mí. Gracias".*

Tu reseña puede ayudar a…

…otro emprendedor como Simon a transformar su vida. En palabras del propio Simon: *"Soy un tipo normal de Alemania y no lograba conseguir clientes ni aunque mi vida dependiera de ello. Entonces compré Prospectos de $100M. Después de leer el capítulo sobre los contactos en frío, puse en práctica la regla del 100. Esperaba conseguir quizá uno o dos clientes… Pero entonces… concerté ocho reuniones en siete días… Cerré cuatro de ellas y gané mis primeros 500 € con uno de los clientes. Han pasado tres meses y mi carrera no podría ir mejor. Tu libro era justo lo que necesitaba. ¡Se lo recomiendo a todo el mundo!"*

…otro emprendedor como Alex a salir del agujero. En palabras del propio Alex: *"Me mudé con mi novia ganando menos de 1.000 dólares al mes. Compré* Prospectos de $100M *y lo aplicamos TODO. Tres semanas después, firmamos con un cliente por más de 2.000 dólares al mes. ¡Y luego, tres más! Te debo MUCHO más de lo que costaron esos libros".*

Tu reseña ayuda… a otro emprendedor como Mohan a salir de su país y liberarse de las deudas. En palabras del propio Mohan: *"Como inmigrante indio que luché al llegar a Irlanda, ganaba tan poco dinero que moriría antes de pagar mis deudas. Daba clases particulares donde podía. Entonces leí Ofertas de $100M y renuncié a mi trabajo 11 días después. Hacía el mismo trabajo, pero aprendí a hacer ofertas. Los clientes estaban encantados de pagar. A veces incluso €1.500 cuando les daba algunas bonificaciones. Ahora tengo unos ingresos con los que puedo vivir. Y por fin he encontrado lo que me gusta hacer. Me he mudado a Alemania y ya he pagado casi todas mis deudas. Gracias, Alex".*

Si te dices a ti mismo que lo harás más tarde, en lugar de eso, ¡hazlo ahora! Tardarás menos de 60 segundos en cambiar la vida de alguien para siempre.

Si estás en Audible, pulsa los tres puntos situados en la parte superior derecha de tu dispositivo, haz clic en "Calificar y reseñar" y deja unas frases sobre el libro con una valoración por estrellas.

Si estás leyendo en Kindle o en un lector electrónico, desplázate hasta la parte inferior del libro, desliza el dedo hacia arriba y aparecerá una ventana para que escribas una reseña.

Si por alguna razón esto cambiara, puedes ir a Amazon (o al lugar donde hayas adquirido el libro) y dejar una reseña directamente en la página del libro.

Si te sientes bien ayudando a un emprendedor anónimo, eres de mi tipo de persona. Bienvenido a #mozination. Eres uno de los nuestros.

Estoy muy emocionado por ayudarte a ganar más dinero del que puedas imaginar. Te encantarán las tácticas que voy a compartir en los próximos capítulos. Gracias desde el fondo de mi corazón. Ahora, volvamos a nuestra programación habitual.

- Tu mayor fan, Alex.

Conclusión de ofertas de atracción

¡Extra! ¡Extra! ¡Escucha todo al respecto!

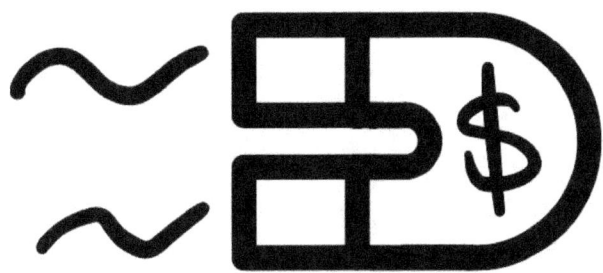

El objetivo de las ofertas atractivas es convertir a desconocidos en clientes. Y hacerlo de una manera que permita obtener más dinero por adelantado. Lo ideal es obtener suficiente dinero para cubrir el costo del cliente y el costo de entregar nuestro producto o servicio *varias veces.* De esa manera, podemos recuperar la inversión, pagarnos a nosotros mismos *y* atraer a nuestro próximo cliente.

Te mostré las cinco ofertas de atracción más poderosas que he visto y utilizado: Recupera tu dinero, Sorteos, Ofertas señuelo, Compra X y llévate Y gratis, y Paga menos ahora o paga más después. Las aplico en uno u otro momento en cada negocio que tengo. Convirtieron 1.000 dólares en 10.000.000 de dólares en diez meses porque, cuando obtuve beneficios, *seguí redoblando la apuesta.* Una oferta de atracción *Grand Slam*, como las llamo yo, cambiará tu negocio (y tu vida) *para siempre.*

Después de utilizar las ofertas de atracción, hemos conseguido más clientes. Y ahora que los tenemos, necesitamos aumentar nuestros beneficios en 30 días vendiéndoles más productos. Esto nos lleva al siguiente componente del *Modelo de Dinero de 100M*: las ofertas de venta adicional, también llamadas técnicas de *upselling. Qué ofrecer a continuación.*

SECCIÓN III: OFERTAS DE VENTA ADICIONAL (UPSELL)

¿Quieres papas fritas con eso? - La famosa venta adicional de McDonald's.

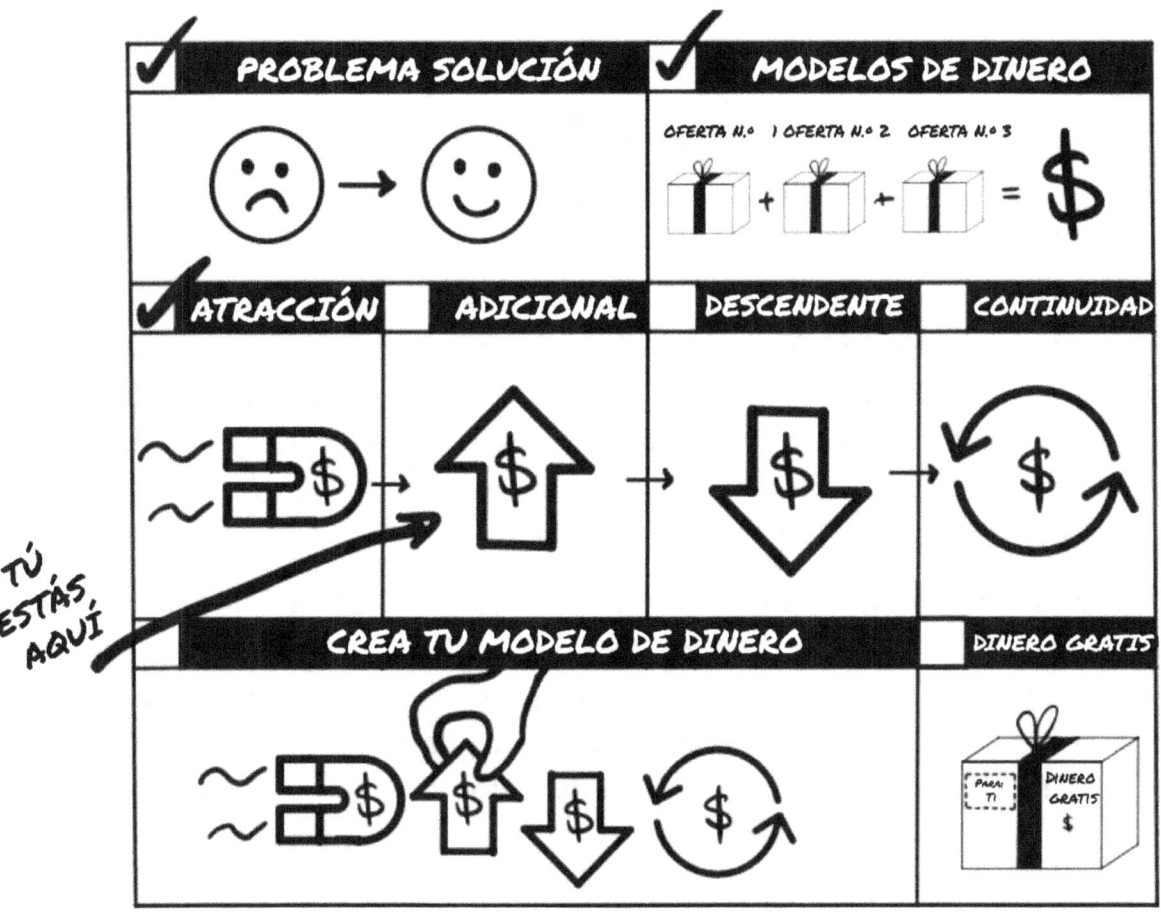

Con una oferta de atracción, ya tienes clientes y dinero en efectivo. Si has hecho un buen trabajo, también habrás obtenido ganancias. ¡Genial! Ahora queremos maximizar las ganancias en 30 días. ¿Qué hacemos? La respuesta: ganar más dinero. Para ello, hacemos ofertas de venta adicional. Y, en definitiva, las ventas adicionales son simplemente *lo que ofrecemos a continuación.*

Cómo funcionan las ventas adicionales

VENTAS ADICIONALES

Cuando una oferta resuelve un problema, inmediatamente aparece otro. Tú *vendes* la solución al problema que tu oferta revela. Por lo tanto, cada oferta abre la puerta a una venta adicional… ¡incluso a varias ventas adicionales! A menudo, las ventas adicionales generan la mayor parte de las ganancias. Son las que determinan el éxito o el fracaso de un Modelo de dinero. Déjame mostrarte en qué medida.

Supongamos que una hamburguesería obtiene 0,25 dólares de ganancias por cada hamburguesa de 2 dólares. Si fuera la única oferta que tuvieran, tendrían que vender unas 10.000 hamburguesas al día para cubrir los gastos y *apenas* ganarse la vida. Buena suerte. Pero tienen más ofertas además de la hamburguesa. Preguntan: "¿Quieres papas *fritas con tu hamburguesa?*". Si la respuesta es afirmativa, ganan otros 0,75 dólares y luego preguntan: *"¿Quieres convertirlo en un combo?*", lo que añade una bebida. Si la persona dice que sí, ganan 1,75 dólares *adicionales*. Sus ganancias pasan de 0,25 a 2,00 dólares *¡un aumento de 8 veces!* Y, además, ofrecen una tercera venta adicional: *"¿Quieres agrandar tu combo por solo un dólar más?*". Esto eleva los beneficios de unos míseros 0,25 dólares a la enorme cifra de 3 dólares, lo que supone *un aumento de 11,6 veces.* Y ahora esa pequeña hamburguesería tiene realmente posibilidades de triunfar.

MÉTODO DE LA HAMBURGUESA, PAPAS FRITAS Y REFRESCO

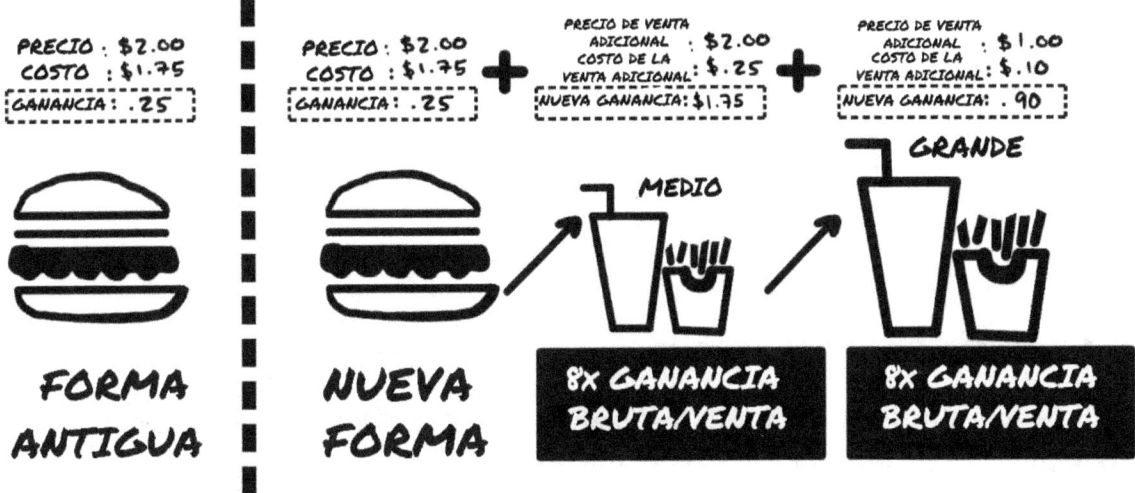

Muestro este ejemplo básico (¡y muy común!) para señalar una cosa: tu primera oferta *no siempre* generará ganancias. En otras palabras, *lo que más vendes no siempre es lo que más ganancias te genera.* Las ganancias las obtienes con la segunda, tercera y, en el caso del negocio de las hamburguesas, cuarta oferta y las siguientes. Si McDonald's no vendiera papas fritas y refrescos, no existiría McDonald's. Si quieres ganar, tienes que encontrar tu versión de "*¿Quieres papas fritas con esto?*". Si no lo haces, otros lo harán.

Las ventas adicionales fracasan cuando:

- Ofreces algo que no quieren (demasiado diferente o que no resuelve su problema).

- Lo ofreces en el momento equivocado (antes de que hayan experimentado el problema).

- Lo ofreces de forma incorrecta (no te creen).

- O una combinación de los casos anteriores.

En resumen, las ventas adicionales suelen ofrecer:

- Más de lo que acaban de comprar (piensa en la cantidad): ¿por qué comer una hamburguesa cuando puedes comer dos?

- Versiones mejores (piensa en calidad): ¿por qué comer una carne misteriosa cuando puedes comer solomillo?

- Productos nuevos o complementarios (piensa en algo diferente): ¿quieres papas fritas y un refresco con tu hamburguesa?

Yo utilizo cuatro ofertas de venta adicional sencillas y tremendamente eficaces:

- La venta adicional clásica

- Ventas adicionales de menú

- Venta adicional de anclaje

- Ventas adicionales por rotación

Y con solo unos pocos ajustes, puedes incorporarlas a tu negocio hoy mismo. **Advertencia**: esta sección es tremendamente eficaz y debe utilizarse de forma ética. Dicho esto, ¡vamos a ganar dinero!

UN REGALO PARA TI: Ofertas de venta adicional [sin suscripción]

Si quieres obtener más ganancias por cliente, tienes que venderles más productos. Es fundamental saber cuál es el momento, la forma y los productos adecuados para vender. He aprendido mucho cometiendo errores. Espero poder ayudarte a evitar esos errores y a hacerlo bien de primera. He preparado una capacitación adicional sobre este capítulo que puedes ver de forma gratuita en acquisition.com/training/money. También tienes el código QR para un acceso rápido y sencillo.

Venta adicional clásica

¡No puedes tener X sin Y!

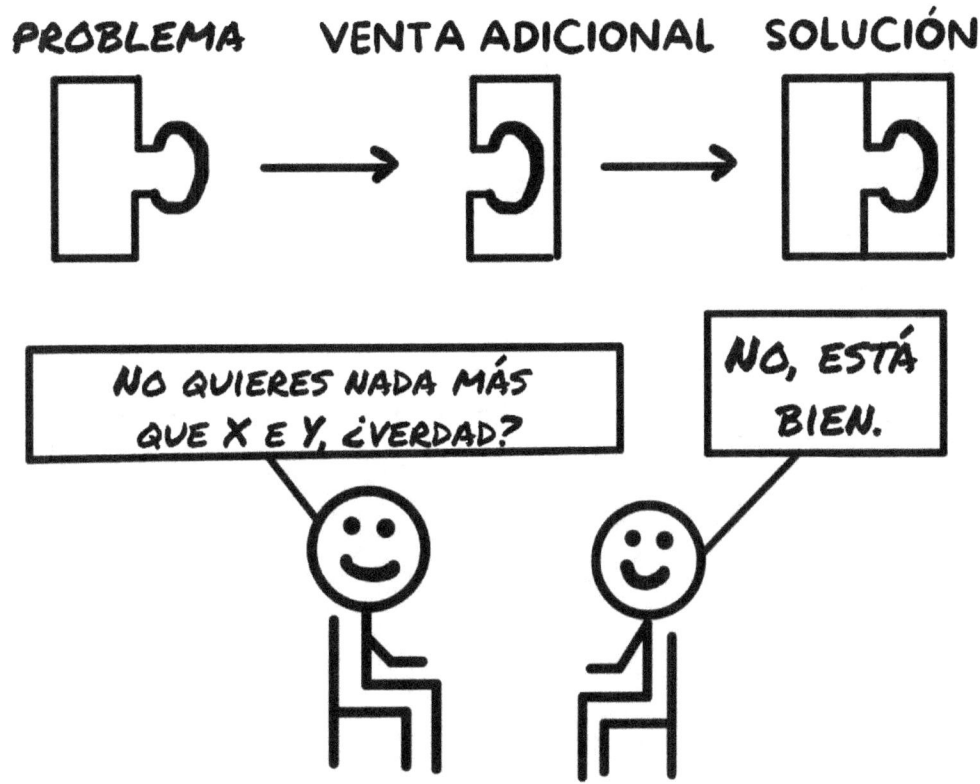

Verano de 2016.

Él era un distribuidor de abrigos de piel de primera, un empresario de cuarta generación, y un mentor de mi infancia. Nos sentamos a ponernos al día en un restaurante elegante frente a su tienda. Un minuto después de pedir, nos sirvieron el salmón.

"¿Cuánto crees que le cuesta este salmón al restaurante? ¿Tres dólares? ¿Quizás unos centavos más por la guarnición? Y mira el menú: ¡cobran treinta y dos dólares! Increíble… pero… lo pagamos". Dio el primer bocado, se rió para sus adentros y continuó.

"He oído que te has metido en el negocio, me alegro por ti. Nunca lo hubiera imaginado cuando trabajabas en la tienda. Eras un poco torpe".

"¿Qué puedo decir? Cepillar siete mil abrigos de piel seguidos me derritió el cerebro". Me reí entre dientes: "¿Sigues ganando una fortuna con eso?".

Una sonrisa tímida apareció en su rostro. "Sí. Y eso ni siquiera es lo mejor, a mi hijo se le ocurrió algo genial". Su hijo sería el *propietario de quinta generación.*

"Cuéntame", le pedí.

"Anunciamos orejeras gratis con el servicio de almacenamiento del abrigo. Y escucha esto. Cuando los clientes vienen a recoger sus orejeras y a guardar sus abrigos, él les dice: *"Genial. También las guardaremos por 30 dólares. ¿No quieres guardar nada más, verdad?".* Y, por supuesto, dicen que no".

"Un momento, ¿así que consigue que paguen por almacenamiento adicional para las orejeras gratuitas haciéndoles decir que no? ¡Son unos genios!".

"¿Nosotros? Noooo. Solo nos mantenemos creativos… y si algo funciona, lo seguimos haciendo".

***

Cada vez que hablaba de negocios, se le iluminaba el rostro. A pesar de haber sido un poco torpe en su tienda, aprendí de él muchas lecciones para toda la vida. Comparto esta historia en homenaje a esas lecciones.

Descripción

La venta adicional clásica ofrece una solución al siguiente problema del cliente *en el momento* en que este se da cuenta de él. Explico primero la venta adicional clásica porque es extremadamente rentable, fácil y cualquiera puede hacerla. La razón principal: los clientes actuales *siempre* tienen más posibilidades de comprar tus productos que los desconocidos. Y, si se hace en el momento adecuado, los clientes se venden a sí mismos.

La venta adicional clásica se basa en saber más sobre el problema de tus clientes que ellos mismos. Y es lo que debes hacer, al fin y al cabo, es tu negocio. La idea es sencilla: tu oferta principal resuelve un problema y crea otro. *Tu venta adicional resuelve inmediatamente ese siguiente problema.* Esto le da a la venta adicional clásica su estructura de "no puedes tener X sin Y". Como la historia del coche de alquiler. No puedes tener un coche sin seguro. No puedes tener un coche sin gasolina. No puedes tener un buen viaje sin un check-out tardío, etc. Y todas estas cosas se hacen evidentes inmediatamente *tan pronto como* el cliente realiza la primera compra.

Conclusión: si surge un problema y puedes resolverlo inmediatamente, a cambio de dinero, ¡hazlo!

Ejemplos

Servicio local de lavado de coches

Primera compra: lavado de coches

Venta adicional: encerado

No querrás lavar el coche sin encerarlo. Obtienes mucho más por tu dinero.

Producto físico

Primera compra: Bicicleta

Venta adicional n.º 1: Casco

Venta adicional n.º 2: Luces

Venta adicional n.º 3: Neumáticos resistentes a los pinchazos

¡No puedes tener una bicicleta sin casco!

Producto digital

Primera compra: Curso sobre ejercicio físico

Venta adicional: Curso sobre nutrición

No puedes compensar una mala alimentación con ejercicio… así que te interesará nuestro curso sobre nutrición.

Notas importantes

Hazlo de verdad. Te sorprendería saber cuántas empresas acuden a mí y solo venden una cosa. Normalmente les digo: "Apenas tienes un negocio, solo tienes una fachada. Piensa qué vas a ofrecer *a continuación*". Meses después, me entero *de que* han multiplicado por cinco su negocio porque han ofrecido una venta adicional.

Ofrece primero los productos adicionales más rentables. Si ofrezco dos productos y uno tiene más ganancias que el otro, ofrezco primero la opción más rentable.

Haz que digan "no" para que digan "sí". Siempre me sorprendió la frecuencia con la que el vendedor de abrigos de piel conseguía que la gente comprara cosas diciendo "no". Sabía que la gente había sido entrenada para decir "no" en respuesta a "¿no quieres nada más, verdad?". Pero esto en realidad convierte un "no" en un "sí". Así que, al intentar vender algo más caro, la pregunta se traduce en: *"¿No quieres nada más [además de lo que te acabo de ofrecer]?"*. Una hábil técnica de venta. Así que deja que los "no" (que en realidad son un *sí)* fluyan.

Sorprende y complace. Supongamos que tienes cuatro bonificaciones que guardas para añadir y animar a comprar a las personas que están indecisas. Añádelas de una en una. Si dicen que sí antes de añadirlas, dales las cuatro de todos modos. Les sorprenderá y les encantará. Además, así te aseguras de vender lo mismo a todo el mundo y nadie se sentirá excluido después.

Vende más cuando compran más: ciclo de hipercompra. La mayoría de los compradores entran en un ciclo de "hipercompra" cuando deciden hacer algo nuevo. Es un breve período de tiempo en el que están más entusiasmados con algo nuevo que van a hacer. Es entonces cuando gastan una gran cantidad de dinero en poco tiempo. Piensa en las bodas, empezar nuevos hobbies, tener hijos, mudarse, etc. Si tienes un negocio que se ocupa de este tipo de problemas, no renuncies a las ofertas de venta adicional. *Aprovéchalas… y sigue haciendo ofertas.*

Utiliza bonificaciones gratuitas para crear problemas que las ofertas de venta adicional puedan resolver. Las bonificaciones resuelven problemas. Eso es lo que las hace valiosas. Y debido al ciclo de problema-solución, también pueden revelarlos. Las ventas adicionales pueden resolver ese nuevo problema. Las orejeras, por ejemplo, tienen un costo en materiales y mano de obra. Pero pudieron "regalarlas" haciendo que los clientes pagaran 30 dólares por guardar algo *que acababan de conseguir gratis.*

Cuanto más rápido accedan las personas a algo, más lo valorarán. Una cosa que cuesta 10.000 dólares y que obtienes más tarde vale menos que una cosa que cuesta 10.000 dólares y que obtienes ahora. Cuanto más tiempo tarda alguien en acceder a algo, menos valor tiene en ese momento. Por lo tanto, si quieres aumentar las posibilidades de que acepten la venta adicional, ponla a su disposición lo antes posible. Ganarás puntos extra si se lo entregas antes de que digan que sí. Es mucho más difícil devolver algo que decir que no.

Si agrupas productos complementarios, ponles un nombre. Es más fácil venderle a alguien un producto que nueve. Al agrupar productos, puedes hacer una sola "oferta" y conseguir nueve ventas. Yo nombro los paquetes en función del tipo de cliente *y/o* el resultado. Por ejemplo, el paquete "Resultados más rápidos", el "Paquete de transformación" o el "Paquete mínimo". Todo ello aumentará las ventas adicionales por persona. Por último, puedes "eliminar" algunos de los productos o prestaciones del paquete para tener una oferta de menor valor. Más información al respecto en la sección IV: Ofertas de ventas descendentes.

Integra las ventas adicionales en tus otras ofertas. Haz que las ventas adicionales formen parte de la entrega de tus ofertas iniciales. Así, más clientes las aceptarán. Mis planes de comidas incluían sugerencias de suplementos opcionales. Así que, cuando hablaba de nutrición, la gente me preguntaba por los suplementos. La formación en ventas y marketing de *Gym Launch* sugería programas informáticos opcionales. Esto llevó a los propietarios de gimnasios a comprarlos. Integra lo siguiente que quieras vender en lo primero que compren.

Asegúrate de Concertar-Una-Cita-Desde-Otra-Cita (CUCDOC). Cuantas más veces puedas realizar ventas adicionales, más personas comprarán. Si vendes más a más personas, ganarás más dinero. Como eso es lo que quieres, termina cada cita programando la siguiente. ¡No dejes que se vayan sin reservar! Como dice mi gran amigo Sharran, un elegante director ejecutivo: "Un cliente debe saber cuándo te volverá a ver, y *por qué, antes de irse*". Así que, si acuerdas volver a reunirte con él, *acuerda también el motivo y la fecha en ese mismo momento.*

Vende tantos productos adicionales como sea razonable. La agencia de alquiler de coches vendía muchos productos adicionales. La hamburguesería vendía muchos productos adicionales. Mis gimnasios vendían muchos productos adicionales. *Gym Launch* vendía muchos productos adicionales. Ofrece tantas soluciones como problemas puedas resolver. No seas tímido. Si puedes resolverlo, ofrécete a hacerlo. Lo segundo peor que puede pasar es que digan que no. *Lo peor es que hubieran dicho que sí, pero tú nunca lo hubieras preguntado.*

Cómo vender *más del mismo producto*

Si tienes dos cosas y quieres vender una, añade una tercera opción para impulsar la opción que quieres que compren. Los cines lo hacen con los refrescos y las palomitas. Así es como se hace:

Sus precios para tamaños pequeño, mediano y grande funcionan más o menos así:

A - Pequeño - $5
B - Mediano - $8 *(en lugar del precio racional de $7)*
C - Grande - $9

<u>Resultado</u>: más gente elige el tamaño grande. Las personas que eligen el tamaño pequeño siempre elegirán la opción pequeña. Las personas que eligen la opción grande siempre elegirán la opción grande. *Pero las personas que normalmente elegirían el tamaño mediano ahora probablemente elegirán el tamaño grande*, porque la diferencia de precio es muy pequeña.

Si quieres que más gente compre el tamaño *mediano*, deberías fijar el precio así:

Pequeño: $6 *(en lugar del precio racional de $5)*
Mediano: $7
Grande: $9

<u>Resultado</u>: esto hará que más personas suban al tamaño mediano, ya que ahora *la mayoría de las personas que normalmente comprarían uno pequeño, comprarán uno mediano.*

Conclusión: si tienes muchos clientes que compran productos pequeños, puedes pasarlos a los medianos. Si tienes muchos clientes que compran productos medianos, súbelos a los grandes. Si tienes muchos clientes que compran productos grandes, sube *todos* tus precios.

Garantías, avales y seguros adicionales. Muchas empresas ofrecen garantías sobre sus productos. Muchas empresas ofrecen avales sobre sus productos. Muchas empresas ofrecen seguros sobre sus productos. Tú puedes vender todos ellos como productos adicionales. *Así que, en lugar de hacerlo gratis, solo tienes que añadir entre un 5% y un 50% al precio a cambio de garantizar que tu producto hace lo que tú dices que hace.* Ejemplo: un estudio de arte solía reemplazar los retratos dañados sin cargo alguno. Les dije que empezaran a preguntar a los clientes si estarían dispuestos a pagar un 10% adicional por ello. Ahora, el 30% de los clientes compran productos que el estudio de arte solía regalar. ¡Pura ganancia!

Resumen

- Tu oferta de atracción revela un problema. Las ventas adicionales (lo que ofrezcas a continuación) lo resuelven.

- Utiliza la venta adicional clásica para los problemas *inmediatos* revelados por tu oferta anterior.

- Preguntar "¿no quieres nada más, verdad?" hace que la gente responda que no. Funciona.

- Aumenta las posibilidades de que los clientes acepten las ventas adicionales dándoles acceso a ellas lo antes posible.

- Regala bonificaciones que creen una oportunidad de venta adicional. Es una forma estupenda de ganar más dinero.

- Para tener más oportunidades de realizar ventas adicionales a los clientes, haz de CUCDOC una forma de vida.

- Puedes tener tantas ofertas de venta adicional como quieras, siempre y cuando resuelvas problemas.

- No pierdes nada por ofrecerte a resolver el problema de alguien.

- Si tiene sentido para tu negocio, puedes cobrar por las garantías o los seguros en lugar de ofrecerlos de forma gratuita.

UN REGALO PARA TI: Mira el video de capacitación sobre ventas adicionales clásicas (no es necesario registrarse).

La primera venta adicional que todo el mundo debería aprender es la venta adicional clásica. Hay un montón de pequeños consejos que pueden marcar una gran diferencia. He creado un video informativo para asegurarme de que no te pierdas ningún detalle. Puedes verlo gratis en acquisition.com/training/money. Escanea el Código QR para un acceso rápido y fácil.

Ofertas adicionales de menú

No necesitas eso… necesitas esto

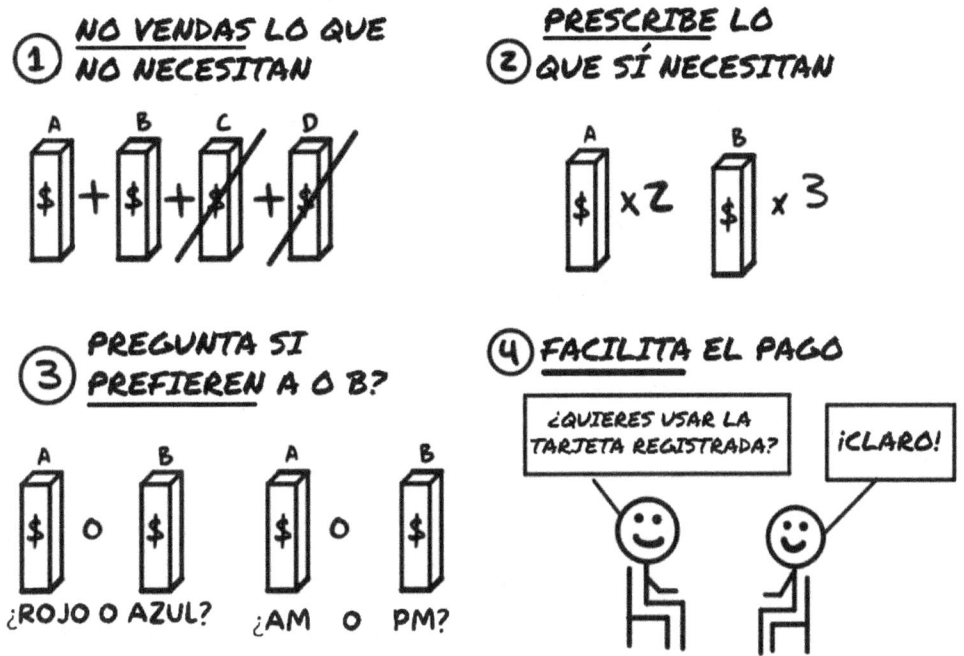

Diciembre de 2013.

La gente seguía apuntándose al gimnasio como de costumbre, pero a nadie le importaban mis suplementos. Leí en alguna parte que mantener las estanterías llenas hacía que más gente comprara. Así que llené mis estanterías con todas las etiquetas ordenadas en una fila perfecta. No funcionó. También leí que si les hablaba a todos de la ciencia que había detrás, comprarían. Tampoco funcionó. Conseguí algunas compras por lástima de los miembros fieles, pero estaba haciendo algo muy mal. ¿Por qué soy tan malo?

En un día especialmente duro, tuve diecinueve consultas nutricionales y nadie compró nada. Fue horrible. Entonces llegó la cita número veinte. La persona llevaba un bonito bolso y un gran anillo de diamantes en la mano. *Si no conseguía venderle nada, más valía dejar de intentarlo.* Pero entonces recordé… *Tenía 5.000 dólares en inventario en esa estantería, ¡tenía que resolverlo!*

Hicimos la consulta nutricional y empecé a ponerme nervioso. Me puse tan nervioso que olvidé mi guion. Y en lugar de hablar de cosas científicas, simplemente le pregunté: "Tú tomas un batido de proteínas para desayunar, ¿te gusta más el de chocolate o el de vainilla?".

"¿Cuál es tu favorito?", me preguntó ella.

"Chocolate".

"Genial. Me llevaré uno de esos".

Espera, ¿qué acaba de pasar? No hablé de los beneficios ni nada. Solo le pregunté qué prefería… ¡y me lo dijo! Siguiendo la pista, pasé al siguiente artículo.

"¿Prefieres kiwi o limonada de fresa antes del entrenamiento?". Entonces recordé su última pregunta: "…A mí me gusta más la limonada de fresa".

Sonriendo, "Genial, me llevaré esa".

Tenía más productos, pero vender dos era todo un récord y no quería asustarla. Aún tenía que pedirle el dinero. Así que tomé su contrato de afiliación, en el que ya figuraba su tarjeta, y le pregunté: "¿Quieres usar la tarjeta que tenemos registrada?".

"Sí, está bien".

Después de esa conversación, vendí a los siguientes veinte clientes seguidos. Al final del día, miré mi estantería vacía con incredulidad. *Ahora sé cómo vender suplementos.*

Conclusión: Descubrí dos tácticas que cambiaron para siempre mi estrategia de ventas adicionales. En primer lugar, la venta adicional A/B: pregunto *qué producto prefieren* en lugar de *si* quieren el producto. En segundo lugar, pregunto *si quieren utilizar la tarjeta que tenemos registrada* en lugar de pedirles que vuelvan a sacar su tarjeta. Sigo utilizando ambas tácticas hasta el día de hoy.

Agosto de 2014.

Ahora cerraba ventas a diestra y siniestra. ¡Bing, bang, boom! No eran precisamente grandes ventas, pero vendía de forma constante. Cada mes empezaba con un nuevo grupo de participantes. Y, como un reloj, vendía entre 5.000 y 10.000 dólares en suplementos. ¡Nada mal para un día de trabajo!

Pero un día, tuve una señora que no paraba de hacer preguntas. Seguía queriendo más información. Cómo tomarlos. Cuántos. Cuándo. A qué horas. ¿Y si estaba trabajando? ¿Y si estaba en casa? ¿Y si estaba en el gimnasio? Era implacable. Iba a llegar tarde a mi siguiente consulta. Así que, al final, le escribí unas instrucciones paso a paso en el reverso de un papel. *Toma uno de estos por la noche. Toma dos de estos después de comer. Bebe esto después de hacer ejercicio. Bla, bla, bla.*

Le expliqué lo que había escrito y le pregunté: "¿Comprendes?".

Asintió con la cabeza. "¡Gracias!". Tomó el papel y se marchó.

Mi siguiente cita había escuchado toda nuestra conversación. En cuanto se sentó, me preguntó: "¿Crees que podrías escribírmelo como hiciste con la otra señora?". Intenté no suspirar, *pero no lo conseguí.* Iba a llegar tarde a mi siguiente consulta *otra vez.*

Pero hice lo que me pidió. Esta vez, escribí las instrucciones directamente en el formulario de pedido. Junto a cada artículo, escribí la dosis y cuándo tomarlo. Y como no quería retrasar mis citas otros quince minutos, simplemente realicé la venta de la oferta agregada.

"Tengo todas tus instrucciones aquí, ¿quieres usar la tarjeta que tenemos registrada?", le pregunté.

"Sí, está bien".

¡Vaya, vaya! Acaba de comprar todos esos productos… y ni siquiera le he preguntado nada.

Se lo dije. Y lo hizo. Como por arte de magia.

Hice esto desde ese día en adelante, y mis ganancias en 30 días se dispararon.

Conclusión: aprendí que las instrucciones *detalladas* y *personalizadas* venden más que las sugerencias vagas y generales. A esto lo llamo "venta adicional por prescripción".

Noviembre de 2016.

Para ese entonces, ya viajaba lanzando gimnasios para otras personas. Y eso incluía vender suplementos. Vendí a miles de personas. Veía entre 40 y 50 al día. Dos personas. Cada 30 minutos. 12 horas seguidas. Solo con mis maratones de venta de suplementos cubría el vuelo de ida, el hotel *y* los gastos de publicidad. Me volví tan bueno que se me acababa el stock. Y este fue uno de esos días.

Acababa de venderle a una señora los últimos ejemplares de cuatro productos diferentes que me quedaban. En situaciones como esta, le vendía lo que me quedaba al siguiente cliente. Pero antes de que pudiera hacer mi presentación, ella soltó: "¿Puedo comprar lo mismo que ella?". *Oh, vaya.*

Le dije: "Lo siento, se me ha acabado. Pero, sinceramente, puedes conseguir algo parecido en la tienda de la esquina por unos 20 dólares menos. No es tan bueno, pero te servirá para el primer mes. ¿Te parece bien?".

"Muchas gracias por ayudarme". Parecía muy agradecida. Me sentí bien. Así que seguí *"desvendiendo"*.

"Lo mismo ocurre con este otro producto. Tampoco es tan bueno, pero te servirá para el primer mes". Parecía muy contenta. Ya no podía parar. Empecé a desaconsejarle productos *que, de todos modos, no iba a comprarme.*

"No estás intentando ganar peso, ¿verdad?", bromeé. "¡Dios mío, no!", se rió.

"Muy bien. No necesitarás esto", tachando el batido para ganar peso. "Ah, y no estarás intentando aumentar tu testosterona, ¿verdad?"

"No, jaja. No creo", respondió ella.

"Genial. Tampoco necesitarás esto". Lo taché. Entonces, empecé a hacer sugerencias a partir de lo que me quedaba. "Vale. Vas a necesitar dos de estos… tres de estos…", y así continué. A ella le encantó *y compró sin dudarlo.*

Conclusión: Me esforcé por tachar lo que no necesitaba. Y esto generó suficiente buena voluntad como para venderle lo que *sí necesitaba.* Con el tiempo, ¡incluso tenía productos *solo para tacharlos!* A esta técnica la llamo "desventa".

Descripción

En las ventas adicionales de menú, le dices a los clientes qué opciones no necesitan. Luego, les dices lo que sí necesitan, sus preferencias *y* cómo obtener valor de ello. Las ventas adicionales de menú combinan hasta cuatro tácticas: desventa, venta adicional por prescripción, venta adicional A/B y tarjeta registrada.

En primer lugar, desaliento la venta de lo que los clientes no necesitan.

Segundo, prescribo lo que sí necesitan.

En tercer lugar, les pregunto por sus preferencias entre A y B.

Por último, facilito la compra preguntando si desean utilizar la tarjeta que figura en el registro.

Desventa. Desalientas al cliente diciéndole lo que no necesita para poder destacar lo que sí necesita. En este caso, en lugar de preguntarle **_si_** quiere comprarlo o no, le explicas **_lo que no necesita_** para que **_se entusiasme con lo que sí necesita._** Las desventas varían en función de las necesidades del cliente. Cuando algunas opciones funcionan mejor, puedes tachar el resto. Después de decirle lo que no necesita…

Prescripción de la venta adicional. Les decimos lo que necesitan. Las ventas adicionales prescritas funcionan bien cuando ofrecer opciones resulta inconveniente y solo hay una cosa que resuelve el problema. Las ventas adicionales prescritas tienen dos componentes importantes. En primer lugar, hay que explicar cómo se integra con las ofertas que ya han comprado. En segundo lugar, hay que personalizar y detallar cómo maximizar su valor. En este caso, en lugar de preguntar **_si_** quieren comprarlo o no, hay que explicarles **_cómo utilizarlo_** como si ya lo tuvieran. Una vez más, eliminamos la opción de no comprar para reducir la posibilidad de que no compren. Y una vez que les he explicado exactamente cómo van a utilizar todo…

Venta adicional A/B. Les preguntamos cuáles son sus preferencias. Las ventas adicionales A/B funcionan para *múltiples ofertas que resuelven el mismo problema.* Las ventas adicionales A/B se realizan preguntando cuáles son sus preferencias. En lugar de preguntar a los clientes **_si_** quieren comprar un producto, sí o no, les preguntamos qué producto **_prefieren:_** A o B. Cualquiera de las dos opciones da lugar a una venta adicional. Básicamente, cuando les das a las personas la opción de no comprar, algunas no compran. Por lo tanto, les doy la opción de elegir entre comprar dos cosas similares. Una vez que saben lo que están comprando y cómo lo van a utilizar, les sugiero la forma más fácil de pagar…

Tarjeta registrada. La cereza del pastel de toda esta genialidad de venta adicional. Literalmente pregunto: "¿Quieres usar la tarjeta registrada?". En este caso, en lugar de preguntar **_si_** quieren pagar o no, te **_refieres_** a las opciones que ya tienen. Esto hace que más gente compre, ya que reduce los "costos ocultos" de la compra. Elegir qué tarjeta usar. Sacarla. Recordar decisiones de compra desagradables del pasado. Incluso la molestia de comprar cosas con prisas… y quién sabe cuántas cosas más. Solo recuerda: si haces que comprar sea fácil, más personas comprarán.

Me llevó diez años aprender esto. Espero que tú obtengas el mismo valor en diez minutos.

Ejemplos

Masajista

- *Desventa:* Tenemos un masaje linfático disponible, pero no estás embarazada ni acabas de salir de una operación, ¿verdad? Entonces podemos descartarlo.

- *Prescripción:* Como te duele el hombro, primero calentaremos la zona, luego trabajaremos en los puntos de tensión y, después, haremos algunos estiramientos dinámicos.

- *A/B:* ¿Prefieres hacerlo antes de ir al trabajo o de camino a casa?

- *Tarjeta registrada:* ¿Quieres usar la tarjeta registrada?

Comida para perros

- *Desventa:* No vas a necesitar esta bolsa pequeña ni estos productos para cachorros, ¡tienes un perro grande! Tampoco necesitas estas vitaminas porque la comida ya las contiene.

- *Prescripción:* También vas a querer darle a tu perro uno de estos masticables para las articulaciones en cada comida. Y cada 90 días, dale una de estas galletas para los parásitos. Además, asegúrate de traerlo de vuelta el mes que viene. Vamos a reservar la cita ahora mismo.

- *A/B:* ¿Tu perro prefiere el sabor a ternera o a pollo?

- *Tarjeta registrada:* ¿Quieres usar la tarjeta registrada?

Producto digital

- *Desventa:* No necesitas los ocho cursos. Solo necesitas resolver X, Y y Z. Te diré algo. Te enviaré material gratuito que resolverá los problemas X e Y. Entonces, solo necesitarás un curso para el problema Z…

- *Prescripción:* Pero para resolver Z, definitivamente vas a querer hacer el curso de *esta* manera en particular. ¿Puedes dedicarle una hora al día? Muy bien, genial. Esto evitará que surjan otros problemas Z más adelante.

- *A/B:* ¿Prefieres recibir asistencia por mensaje directo o por teléfono? Muy bien. ¿Y te gustaría empezar hoy o el lunes?

- *Tarjeta registrada:* Genial. ¿Quieres usar la tarjeta registrada?

> **Consejo profesional:** "Tarjeta registrada" para primeras compras: *¿qué tarjeta quieres usar?*

Notas importantes:

Haz que cualquier cosa sea vendible en formato A/B. Puedes convertir *cualquier cosa* en una oferta A/B. Solo para darte algunas ideas… Cantidad (¿quieres una botella o dos?), fechas de inicio (¿mañana o el lunes?), preferencia de pago (¿efectivo o tarjeta?), sabores (¿chocolate o vainilla?), franjas horarias (¿por la mañana o por la tarde?), medios (¿leer o escuchar?), velocidades de entrega (¿estándar o urgente?), tamaños (¿pequeño o mediano?), colores (¿negro o blanco?), materiales (¿papel o plástico?), personal (¿John o Sara?), comunicación (¿llamada o mensaje de texto?). Con un poco de creatividad, puedes convertir *cualquier cosa* en una venta adicional A/B.

Si haces una oferta A/B, añade un empujoncito. Si tus clientes tienen una experiencia limitada con tus productos o servicios, dales un empujoncito. *"Este es mi favorito"* o *"X suele ser una apuesta segura"* o *"a mucha gente le encanta"* o *"las sesiones de los martes son un poco más reducidas, si te gusta eso"* o *"Amy se lleva muy bien con los estudiantes de secundaria"*. Estas frases cortas realmente ayudan a impulsar las ventas. (Pista: si quieres vender más rápido un producto en particular, *dale* un empujoncito extra).

Si se ha agotado, cobra el pago y retrasa la entrega. Más tarde aprendí que podía venderles los productos, hacer el pedido y establecer una fecha de entrega aproximada. Esto me permitió vender muchos más productos, ya que no tenía que mantener un inventario. Si se agota, considera la posibilidad de cobrar el dinero y cambiar las expectativas de entrega. Te sorprenderá lo bien que funciona.

A los empleados les encanta hacer "desventas". A los empleados a menudo *les gusta* ayudar a los clientes a "burlar el sistema". *Déjalos hacerlo.* Anima a los empleados a ayudar a los clientes a burlar el sistema a propósito. Tus empleados tienen información privilegiada, así que permíteles mostrar a los clientes cómo sacar el máximo partido a lo que ofreces. Todos salen ganando.

Consulta "La estrategia del economista" más abajo para obtener una explicación visual.

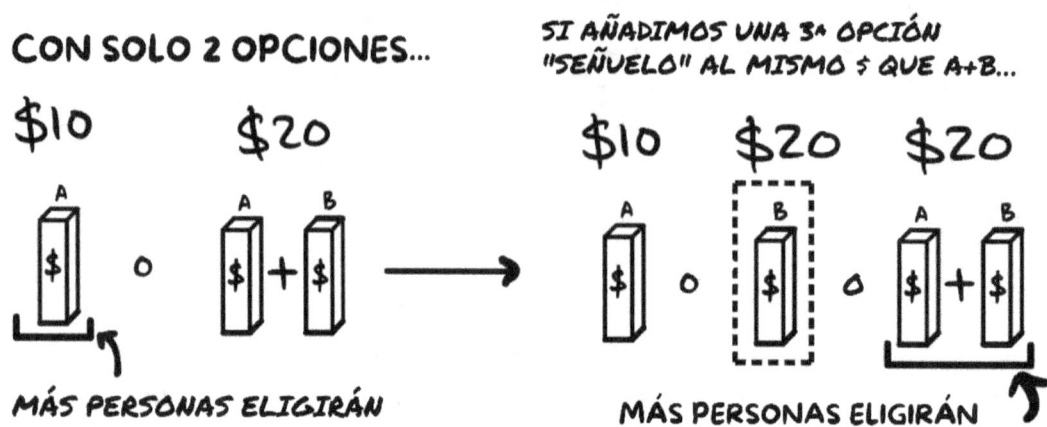

Si tienes dos opciones y quieres que la gente compre ambas

A finales de la década del 90, la revista *The Economist* comenzó a ofrecer una suscripción digital porque cada vez más personas obtenían las noticias por Internet. Sin embargo, también quería mantener su rentable suscripción impresa. Así que, pensando que la gente compraría ambas, *The Economist* ofreció lo siguiente:

A- Suscripción digital: $59 al año

B- Suscripción digital + suscripción impresa: $125 al año

Resultado: las ventas impresas *se desplomaron,* ya que los clientes se decantaron por la opción más barata. ¡Ups!

Para solucionarlo, añadieron una opción señuelo *por el mismo precio* que el paquete:

A- Suscripción digital: $59 al año

B- Suscripción impresa: $125 al año

C- Suscripción digital + Suscripción impresa: $125 al año

Resultado: Los clientes ahora eligieron la opción C - Digital + Impresa por $125 al año.

Conclusión: Presenta tres opciones. Opción A, opción B y opción C (ambas)… pero haz que el precio de (C) sea el mismo que el de la opción más cara (B). Siempre que fijes el precio de las opciones para mantener tus márgenes, facilitarás la elección del cliente *y venderás ambas.*

Puntos clave

- Las ventas adicionales de menú funcionan mejor cuando tienes varias ofertas disponibles.

- Las ventas adicionales de menú combinan hasta cuatro tácticas:

  - Desventas: Les dices a los clientes lo que no necesitan.

  - Prescripción: Les indicas lo que sí necesitan.

  - Oferta A/B: Les preguntas qué prefieren.

  - Por último, facilitas la compra preguntándoles si desean utilizar la tarjeta registrada.

- La desventa de productos con un margen más bajo cuando es apropiada incentiva las ventas adicionales con un margen más alto.

- Anima a los empleados a desvender y a "jugar con el sistema" a propósito.

- Orienta a los nuevos clientes hacia lo que realmente les conviene.

UN REGALO PARA TI: Capacitación sobre ventas adicionales de menú

Rara vez doy órdenes. Solo hazlo. Míralo. Puedo impartir una clase magistral sobre este tipo de venta adicional. Me ha reportado millones. Eso es todo. Solo tienes que ir a acquisition.com/training/money. Sí, es gratis. No, no te arrepentirás. Escanea el código QR para un acceso fácil y rápido.

Venta adicional por anclaje

Lo único peor que hacer una oferta de $1.000 a una persona con un presupuesto de $100… es hacer una oferta de $100 a alguien con un presupuesto de $1.000.

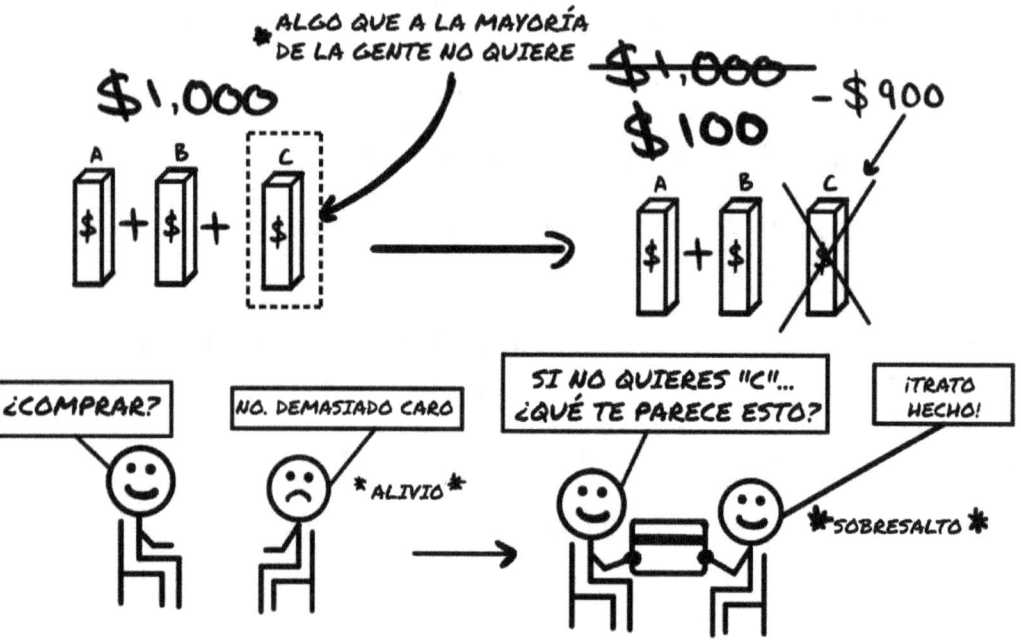

2016. Después de lanzar Gym Launch, pero antes de ganar dinero.

Había pasado los últimos cinco años sin ducharme, vestido con sudaderas y camisetas sin mangas. Pero ahora tenía Gym Launch, y un amigo que seguía las tendencias de la moda me dijo que debía tener un aspecto profesional. "Los hombres de negocios no llevan camisetas sin mangas, Alex. Conozco al dueño de una tienda de trajes local. Le diré que vas a ir". Seguí su consejo y fui.

Así que reservé 500 dólares para comprarme un traje, una compra importante en aquel momento. Entré a la tienda de trajes y charlé un rato con el encargado. El dueño sabía que iba a ir. *Vaya*. Le dije que acababa de empezar un nuevo negocio y que quería un "traje de jefe". Me tomó las medidas y luego agarró dos trajes del perchero. Me probé el primero.

"¿Qué tal te queda? ¿Cómo te sientes?".

Sonreí. *Me sentí genial*. Como un tipo rico. Fue agradable. Habló de algunos accesorios, pero no le presté mucha atención. Ahora era "demasiado cool" para escuchar (¡ja!). *Esto va a ser increíble*. Se giró para hablar con un empleado. Le di la vuelta a la etiqueta del precio para poder verlo…

…16.000 dólares. Me puse rojo como un tomate. Solo podía pensar en que *mi amigo le había pedido al dueño que me dedicara un rato y yo ni siquiera podía permitirme comprar nada allí.* Me sentí horrorizado. Mantuve la cabeza gacha para intentar ocultar mi sorpresa. Respiré hondo y levanté la vista. No lo conseguí. Él había visto cómo me ruborizaba.

Para ayudarme, me preguntó: "¿Te importa mucho el diseñador?".

"Para nada".

Casi antes de que terminara de responder, el dueño se dio la vuelta y me colocó el siguiente traje sobre los hombros. "Pruébatelo a ver si te queda bien", dijo.

Me miré en el espejo. *Me quedaba bien.*

Luego miré la etiqueta del precio… *2.200 dólares.*

No eran 500 dólares, pero tampoco 16.000. Suspiré aliviado.

"Sí. Este me sirve. Me lo llevo".

Me guiñó un ojo y asintió con la cabeza. "Tú mandas, jefe".

El dueño me vendió unos calcetines, un pañuelo y una camisa haciendo juego. En total, otros 300 dólares. Pero, después de ver la etiqueta de 16.000 dólares del primer traje, *todo* me parecía barato.

***

Mirando atrás, me di cuenta de que esa no era la primera vez que el dueño hacía algo así. Era un auténtico profesional. Gasté cinco veces más de lo que había presupuestado y me sentí bien al respecto. Solo más tarde me di cuenta de que había utilizado una estrategia *de anclaje de precios.*

Descripción

Con la venta adicional por anclaje, primero ofreces productos premium. Si el cliente se sorprende, le ofreces una alternativa más barata pero aceptable.

Básicamente, si presentas tu oferta principal, *algunas* personas la comprarán. Obvio. Pero, si primero presentas una versión premium que cuesta entre 5 y 10 veces más, mucha gente dirá que no. Entonces, cuando presentes tu oferta principal, parecerá una *oferta mucho mejor.* Por lo tanto, más gente la comprará. ¡Ajá! Ese es el poder de las ventas adicionales por anclaje.

Las ventas adicionales por anclaje funcionan mejor cuando la oferta de menor precio tiene las mismas *funciones básicas* que la premium. Por ejemplo, no me importaba mucho el diseñador. Solo necesitaba un traje. Por lo tanto, en comparación con el traje de 16 000 dólares, el traje de 2.200 dólares era una *oferta mucho mejor*.

Las ventas adicionales por anclaje también tienen dos ventajas increíbles. En primer lugar, los clientes anclados gastan más de lo que gastarían normalmente. En segundo lugar, *algunos clientes siguen comprando el artículo supercaro*.

Estos son los pasos:

1) Presenta el producto estrella, el más caro.

2) Logra "la reacción de sorpresa": espera que el cliente se asuste por el precio.

3) Acude al rescate: pregúntale si te importa *lo que lo hace premium*.

4) Presenta tu oferta principal: espera a que el cliente se sienta aliviado y vea que es *una mejor oferta*.

5) Pregunta cómo quiere pagar: ¿qué tarjeta prefieres?

Consejo profesional: Lo único peor que hacer una oferta de $1.000 a alguien con un presupuesto de $100... es hacer una oferta de $100 a alguien con un presupuesto de $1.000.

En la primera situación, pierdes $100. En la segunda, pierdes $900. He perdido montones de clientes y montones de dinero *porque* los clientes querían más de lo que yo podía ofrecerles. ¡Qué frustrante! Así que ahora siempre tengo preparadas ofertas premium. Solo unos pocos clientes las compran, pero esos pocos clientes me reportan *grandes ganancias*. Así que siempre hay que tener ofertas premium, *aunque la mayoría de la gente no las compre*. Recuerda, no perderás clientes por ofrecer primero productos premium, *pero SÍ perderás dinero si no lo haces*.

Ejemplos

Servicio local: cuidado del césped

Anclaje premium: Obtén mi número de teléfono móvil, mantillo de lujo, control natural de plagas, mantenimiento quincenal del jardín: $1.000 a la semana.

Oferta principal: Obtén el número de mi equipo, mantillo genérico, control de plagas normal, mantenimiento del jardín dos veces por semana: $200 por semana.

Producto físico: una pintura

Anclaje Premium: Embalaje superprotector+ Seguro por 20 años+ Envuelto para regalo = $1.000

Oferta principal: Embalaje normal+ Seguro por 1 año+ 1 sticker= $200

Producto digital: Boletín informativo

Anclaje Premium: Todos los números anteriores+ nuevos números+ 24 horas antes = $199/mes

Oferta principal: Solo nuevos números+ el día del lanzamiento = $19/ mes

Notas importantes

Si tratas el ancla como algo falso, el cliente también lo hará. Algunas personas escuchan sobre esta técnica. La prueban. Pasan por alto la oferta premium. *Y luego dicen que no funciona.* Pero al hacer eso, la persona nunca la habrá considerado realmente porque ellos nunca lo han ofrecido realmente. *Sólo siguieron el procedimiento.* Para que esto funcione, tienes que venderla realmente y ellos tienen que considerarla realmente. Solo después de que se detengan, duden o pidan algo más, pasas a la siguiente opción.

Haz una oferta premium que realmente quieras que la gente compre. Un amigo mío tuvo dificultades para conseguir que esto funcionara. Solo necesité una llamada para descubrir cuál era su problema. Inventó algo sin sentido que en realidad no quería vender. Así que modificamos la oferta para que fuera algo que *realmente* le gustara ofrecer si alguien pagaba por ello… y así fue. *Triplicó sus ganancias.* Presenta tu oferta premium como *si quisieras* que la gente la aceptara. Y cuando lo hagas, algunos lo harán. Y si no lo hacen, al menos los habrás anclado.

Un ancla adecuada provoca "el sobresalto". Cuando realizas correctamente una venta adicional con anclaje, los clientes sufren pequeños ataques de pánico. Yo lo llamo "el sobresalto". Los sobresaltos solían estresarme mucho. Pero entonces me di cuenta de algo muy importante. Cuanto mayor era el sobresalto, más compraban.

Una vez que consigas el "sobresalto", acude al rescate. En la historia, yo experimenté el "sobresalto". Entonces, el vendedor profesional salvó mi ego preguntándome si me importaba el diseñador. Cuando le dije que no, me presentó el siguiente traje. Punto clave: ya tenía preparado el traje que costaba una octava parte del precio antes de mi reacción. *Sabía que* probablemente me quedaría sin aliento. Y si tus clientes no se quedan sin aliento, es probable que consideren razonable tu oferta premium… así que pregúntales si quieren usar la tarjeta que tienes registrada (¡ja! ¡Pruébalo!). Simplemente no te quedes sin aliento tú también cuando digan que sí. De nada. Puedes invitarme a una cerveza más tarde.

Para que más personas compren tu oferta principal, haz que sea una mejor oferta. Solo modifica algunas prestaciones de tu oferta premium para crear tu oferta principal. Cada oferta tiene sus prestaciones. Algunas prestaciones son más importantes que otras. Es mejor que las prestaciones principales sigan siendo las mismas. A pocas personas les importan las prestaciones secundarias, *así que cámbialas.* Esto permite a los clientes obtener las mismas prestaciones principales y una *oferta mucho mejor.* La mayoría de las personas solo quieren un traje. Pocas personas quieren un traje elegante. El traje es la prestación principal. El material, el diseñador, etc. son secundarias. Después de anclar, ofrecer las prestaciones principales por una quinta parte del precio hace que la oferta principal sea una *gran oferta.*

Resumen

- Si presentas una oferta más cara antes que una más barata, más personas comprarán la oferta más barata que si hubieras presentado solo la oferta más barata.

- Presenta el ancla. Consigue que se sobresalten. Acude al rescate. Presenta la oferta principal. Solicita el pago.

- Para que el ancla sea más eficaz, haz que tu oferta premium sea entre 5 y 10 veces más cara.

- Los clientes anclados gastan un poco más de lo que tenían previsto.

- No trates al ancla como si fuera falsa, o el cliente hará lo mismo. Perderás su confianza *y* tu tiempo.

- Importante: algunos clientes comprarán la oferta premium.

- Las ofertas premium caras añaden beneficios desmesurados con menos ventas.

- La oferta principal y la oferta premium deben tener las mismas prestaciones principales.

- La oferta premium tiene prestaciones secundarias diferentes, también conocidas como "premium".

- Después del anclaje, ofrecer las prestaciones principales por una quinta parte del precio hace que la oferta principal sea muy atractiva. Les ofrece "básicamente lo mismo" por mucho menos.

UN REGALO PARA TI: Capacitación sobre anclaje y venta adicional

Esto puede ayudarte a obtener ganancias increíbles de la noche a la mañana. Realmente te cambiará la vida. He hecho un video adicional para ti sobre ello. No te preocupes, es gratis. Míralo en acquisition.com/training/money. He puesto un código QR para que puedas acceder de forma rápida.

ESCANÉAME

Oferta adicional renovable

¿Quieres renovarla?

Junio de 2014.

Había estado llevando a cabo una oferta de "Recupera tu dinero" (oferta de atracción n.º 1) en mi gimnasio durante el último año. Un programa de fitness de 600 dólares en el que los socios podían recuperar su dinero *si alcanzaban un objetivo.* Fue un éxito rotundo. Vendí montones de ellos.

Pero había un problema. Los buenos gimnasios tienen muchos ingresos recurrentes. *Yo no tenía ninguno.* La mayoría de los ganadores invertían sus 600 dólares en tres meses de membresía. Bien. Pero luego se marchaban antes de realizar el primer pago de su bolsillo. Así que, básicamente, vendía "compra seis semanas y obtén tres meses gratis". Y luego, se marchaban. Algo no funcionaba bien.

Esos 600 dólares eran mi única fuente de ingresos. Así que, aunque conseguía atraer a mucha gente, mis ingresos partían de cero cada mes. Era estresante. Necesitaba encontrar una forma mejor de aumentar las ganancias.

Fue entonces cuando mi amigo Justin publicó cómo había añadido *otros* cien miembros a sus ingresos recurrentes. Al igual que yo, había atraído a sus clientes con una oferta de "Recupera tu dinero". Pero había una diferencia: mis clientes se marcharon y *los suyos siguieron comprando.* Así que me invité a su gimnasio para comprender el porqué. A él le pareció genial. Pasé dos días allí. Él y yo hacíamos algunas cosas de forma diferente, pero nada que explicara por qué a él le iba *mucho* mejor que a mí.

"¿Hay mucha gente que recupera su dinero?".

"Sí", respondió él.

"Entonces, ¿cómo gestionas todo el tiempo libre que tienes para regalar?"

"¿Tiempo libre? ¡Ja! Simplemente *convierto* sus ganancias en una membresía de un año".

"¿Qué?".

"Sí, tenemos que hacerlo para poder distribuir el dinero".

"¿Distribuir el dinero? ¿De qué estás hablando?".

"¿En serio? ¿Qué? ¿Lo das todo por adelantado?". No esperó a que respondiera. "Solo les damos cincuenta dólares de descuento al mes durante un año".

"*Entonces*, aunque recuperen su dinero, ¿empiezan a pagar inmediatamente?".

"Por supuesto. No quiero que la gente no pague. ¿Qué tipo de negocio no tiene clientes que pagan?". Se rió. "Aun así recuperan su dinero… solo que tardan un año en hacerlo".

¡Bum! Eso era. El eslabón perdido de mi modelo de dinero.

***

Esta única cosa, la venta adicional renovable, cambió mi vida, la vida de miles de propietarios de gimnasios y la vida de nuestros clientes. La venta adicional renovable *lo* cambió *todo*.

Ahora, en lugar de *esperar a que* los clientes vuelvan a gastar dinero, transfiero el costo de lo que acaban de comprar *a la siguiente oferta*. Y cuando se combina con ofertas más caras, las ganancias se incrementan en 30 días de manera espectacular.

Y aunque yo aprendí la oferta adicional renovable de esta manera, no necesitas una oferta atractiva de "Recupera tu dinero" para utilizarla. Puedes aplicar la oferta adicional renovable *a cualquiera sobre cualquier cosa*. (Incluso con cosas que la gente compró en otros negocios… muajaja).

Descripción

Las ventas adicionales renovables acreditan parte o la totalidad de las compras anteriores de un cliente para tu próxima oferta. Y esto, según mi experiencia, hace que *mucha más* gente la acepte. Así que, una vez que sé cuánto crédito dar, determino tres cosas: *a quién* venderle, *qué* venderle y *cómo* acumular el crédito.

En cuanto a los *a quién*, utilizo ofertas adicionales renovables en cuatro situaciones:

En primer lugar, para volver a atraer a los clientes que se marcharon hace tiempo.

Segundo, para rescatar a los clientes insatisfechos como una alternativa mejor que el reembolso.

Tercero, para "rescatar" a los clientes insatisfechos *de otras personas*.

Cuarto, para realizar ventas adicionales a los clientes habituales.

En cuanto al *qué*, recuerda que puedes venderles *más de lo que acaban de comprar, algo mejor* o *algo nuevo y diferente*. Para ganar dinero: transfiere su crédito a algo más caro.

En cuanto al *cómo*, puedes aplicar todo o parte del descuento de una sola vez o distribuirlo a lo largo del tiempo.

Ejemplos de ventas adicionales renovables

Quiropráctico: *Vuelve a atraer a antiguos pacientes con una campaña de "recuperación".*

Quién: Clientes que no han comprado nada en los últimos seis meses.

Qué: Nuevo plan.

Cómo: Pago por adelantado.

Ponte en contacto con tus antiguos pacientes. Consulta su historial de compras. Ofréceles aplicar parte o la totalidad de sus compras anteriores a algo más caro que lo que compraron.

Ejemplo: *"Hola, señora Banks, quería devolverle su dinero, ¿tiene un minuto? Genial, sí. Quería saber cómo va su dolor de espalda. Oh, lo siento mucho. Bueno, tengo buenas noticias. Como agradecimiento, quiero devolverle 500 dólares de su dinero como crédito para que se mantenga libre de dolor para siempre. ¿Le interesa? Genial… vamos a agendarlo…"*

Dentista: *Salva a tu cliente molesto con una venta adicional renovable*

Quién: Cliente molesto

Qué: Blanqueamiento dental

Cómo: Crédito inicial de $200.

La persona paga 200 dólares por una limpieza dental, pero no cree que sus dientes hayan quedado más blancos. Le explicamos que necesita más sesiones para obtener mejores resultados y le vendemos un paquete de blanqueamiento dental que incluye varias sesiones, un kit para usar en casa y varias limpiezas profundas. Le ofrecemos descontar los 200 dólares que pagó por la limpieza del precio del paquete de blanqueamiento.

Software: *Rescatar (*Ejem* Robar) a los clientes descontentos de otras personas*

Quién: Clientes de la competencia

Qué: Contrato de servicio

Cómo: Trasladar el costo para romper el contrato anterior.

Busca clientes insatisfechos de la competencia y ofréceles un crédito por sus compras anteriores con ellos para que realicen una nueva compra contigo. Transfiere el monto que pagaron como crédito para un contrato más largo contigo.

Ejemplo: *"Hola, John, he visto tu reseña negativa sobre tu producto y me ha molestado mucho. Para compensarte, te acreditaré los pagos pendientes que tienes con ellos para que te cambies a nuestro servicio. De esta manera, no pierdes nada y empiezas a disfrutar de las ventajas ahora mismo. ¿Te parece justo?".*

Membresía: *distribuir la primera compra a lo largo de un plazo determinado*

Quién: Clientes actuales

Qué: Membresía de 12 meses

Cómo: Distribuir la primera compra.

Alguien compra un pequeño paquete de servicios o tiempo de membresía. Tan pronto como lo hacen, tú puedes ofrecerles aplicar el importe total a un periodo más largo, por ejemplo, 12 meses. Puedo realizar la venta adicional de renovación en cualquier momento, pero prefiero hacerlo en ese momento. Cuando lo haces, tomas el costo de la primera compra y lo aplicas como descuento sobre el contrato más largo. Por ejemplo, una primera compra de 600 dólares, supone un descuento de renovación de 50 dólares al mes durante 12 meses.

Notas importantes.

Utiliza ofertas de renovación para atraer nuevos clientes. Por ejemplo, renueva parte o la totalidad de lo que los clientes pagaron a otra persona *hacia tu oferta*. Puedes encontrar clientes potenciales para esto recopilando información de contacto de reseñas negativas de productos, cuando estén disponibles. Voilá: una nueva lista de clientes potenciales que necesitan lo que tú ofreces. Bonificación: crea una forma para que las personas puedan quejarse de los productos en tu industria (piensa en cualquier medio en el que las personas puedan dejar comentarios). A continuación, hazles una venta adicional de renovación a todos ellos. ¡Qué malvado eres!

Realiza ventas adicionales renovables *antes* de reembolsar. Esto me ha ahorrado montones de clientes y dinero. Si hiciste un mal trabajo (oye, estas cosas pasan), ofrece una segunda oportunidad. Y si quieren algo diferente, cambia su compra por ese otro producto o servicio.

Tus antiguos clientes siguen siendo clientes. Intenta venderles más. Ponte en contacto con tus antiguos clientes (aquellos que no compran desde hace más de 6 meses). Fíjate en cuánto pagaron antes. Decide cuánto estás dispuesto a ofrecerles para renovar. Ofréceles eso. Hazlo realmente. Yo lo llamaba "campañas de reactivación". Hice videos personalizados para 200 antiguos clientes, ofreciéndoles $4.000 de crédito para que vuelvan. Conseguimos que alrededor del 20 % aceptara la oferta. Un día grabando videos nos reportó unos ingresos anuales adicionales de aproximadamente 1.900.000 dólares. Valió la pena.

Añade urgencia a las ventas adicionales por renovación. Haz que sean únicas. Si eres atrevido, haz que el momento en que presentas la oferta sea el momento de aceptarla. Una oferta única en la vida del cliente. *No les des tiempo para pensarlo.* Y sí, sé que quizá no se lo esperen. ¡Esa es la clave! Quieres sorprender y deleitar. Así que, si quieren el crédito, tienen que aceptarlo *ahora.* Si no, no hay problema. Podrán pagar el precio completo más tarde.

Cómo fijar el precio de tu venta adicional renovable. Para ganar dinero con una oferta con descuento, debes obtener ganancias después de aplicar el descuento. Como prefiero obtener ganancias, intento que la oferta de venta adicional sea al menos cuatro veces superior al crédito de renovación. Así, aunque aplique el importe total de la primera compra, el descuento *será como máximo del* 25 %. Recuerda que se aplican las reglas de los descuentos. Los descuentos mayores te reportan menos beneficios por venta, pero consiguen más ventas.

No es necesario que acredites el importe total de su primera compra. Puedes transferir tanto o tan poco como quieras de la primera compra. Yo transfiero la cantidad que creo que les incentivará a comprar el siguiente artículo. Prueba hasta encontrar el punto óptimo.

JUEGO DE TARJETA REGALO

Mi "famosa" estrategia con las tarjetas de regalo. Puedes utilizar la estrategia de venta adicional renovable como oferta atractiva para clientes nuevos *y* actuales anunciando tarjetas de regalo con descuentos superiores al 90 %. Por ejemplo: tarjetas de regalo de $200 por $20. Limítalas a dos por cliente e indica *que solo se pueden utilizar para otras personas.* Los clientes las compran como regalo y se las dan a sus amigos. Esto hace que sea una oferta excelente para las fiestas o temporadas especiales.

Cuando los clientes compren la tarjeta de regalo, pregúntales a quién quieren hacerle el regalo y si te dejarán una referencia. Luego, cuando vengan, renueva su tarjeta de regalo. Haz que el *valor* de la tarjeta de regalo sea el 20 % del precio de lo que quieras vender a continuación. En nuestro ejemplo, vendemos una tarjeta de regalo de $200 por $20. A continuación, aplica ese valor de $200 a una oferta con un precio mínimo de $1.000. La gente te pagará por recomendarte a sus amigos. Es genial. Además, obtienes algo de dinero extra de las tarjetas de regalo no utilizadas.

Puntos clave

- Las ventas adicionales renovables transfieren parte o la totalidad de las compras anteriores de un cliente a tu próxima oferta.

- Para realizar ventas adicionales renovables, determina a quién realizar la venta adicional, qué vender y cómo transferir el crédito.

- A quién ofrecer la venta adicional renovable: clientes antiguos, clientes insatisfechos, clientes insatisfechos de otras personas, clientes actuales.

- Qué vender: más de algo, algo mejor, algo nuevo o algo diferente. Solo asegúrate de obtener ganancias después de aplicar el crédito.

- Cómo transferir el crédito: La totalidad o parte del precio de compra. Se paga por adelantado o se distribuye en el tiempo.

- Fija el precio de tu próxima oferta *al menos* cuatro veces superior al crédito. Esto supone un descuento del 25 %.

- Para conseguir más compradores, añade urgencia. Haz que tu venta adicional renovable sea una oferta única.

UN REGALO PARA TI: Capacitación sobre la venta adicional renovable.

Esta es la venta adicional que utilizo con más frecuencia. Tiene una elegante urgencia incorporada y genera buena voluntad. He hecho un video para ti para que puedas ver cómo lo hago, incluyendo algunos ejemplos de guiones. Es gratis. No es necesitas registrarte. Puedes verlo en acquisition.com/training/money. He puesto un código QR para facilitar el acceso rápido.

Conclusión de ofertas de venta adicional

Resuelve los problemas de los ricos, ellos pagan mejor.

Cada vez que ofreces algo *más*, estás realizando una venta adicional. Las ventas adicionales desempeñan un papel fundamental en los modelos de dinero, ya que permiten obtener más dinero de los clientes *más rápidamente* de lo que se obtendría de otra manera. Y si tu oferta de atracción ya cubre los costos de captación de clientes y entrega del producto o servicio, *obtener más dinero no está nada mal.*

Te mostré las cuatro técnicas de venta adicional más poderosas que utilizo: la venta adicional clásica, las ventas adicionales de menú, las ventas adicionales de anclaje y las ventas adicionales por renovación. Son fundamentales para el éxito de mi negocio. Las ventas adicionales lo cambian todo. Muchas empresas pasan de quemar dinero a imprimirlo, *de la noche a la mañana.*

Pero, como tú sabes, los negocios no siempre son color de rosa. A veces, *la gente dice que no.* Esto nos lleva al siguiente componente del *Modelo de dinero $100M*: las ofertas de venta descendente, es decir, *qué hacer cuando dicen que no...*

SECCIÓN IV: OFERTAS DE VENTA DESCENDENTE (DOWNSELL)

Qué ofrecer cuando dicen que no.

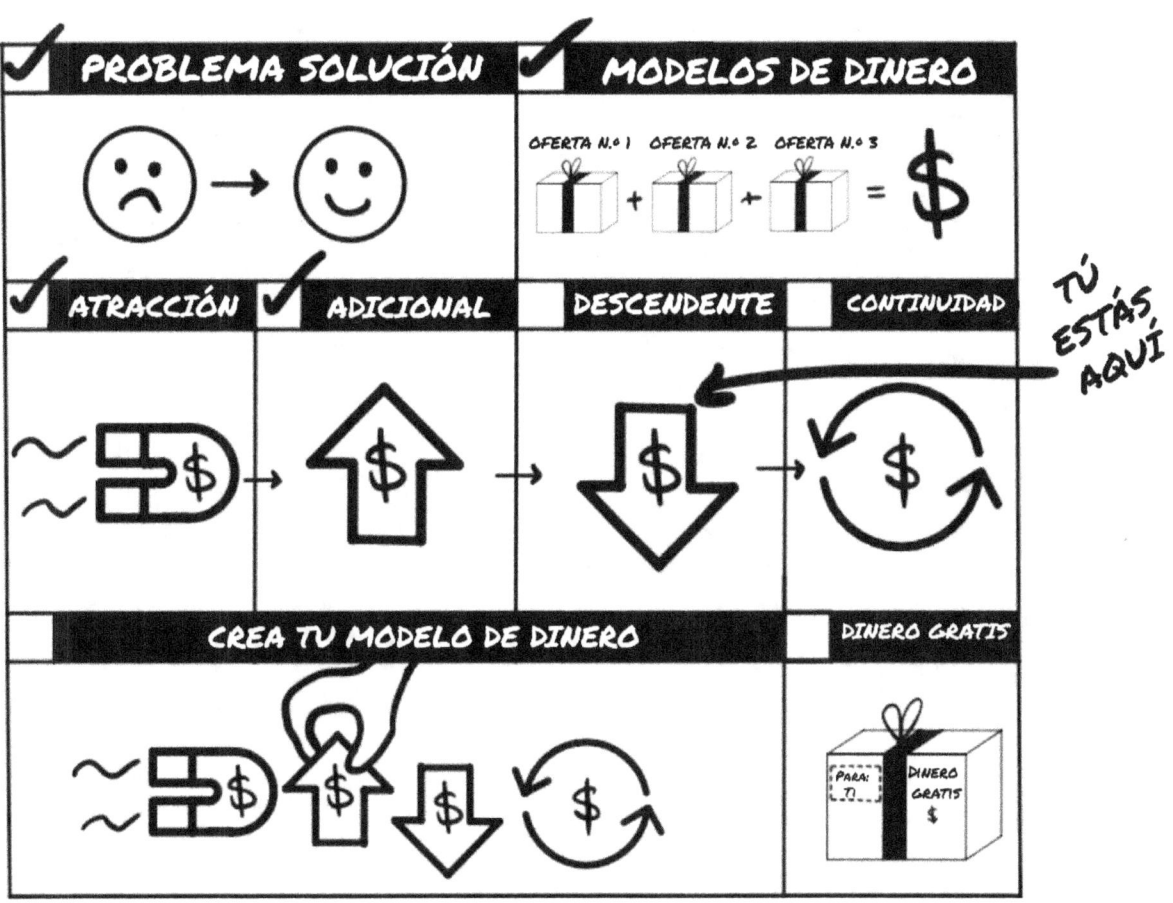

En la última sección, utilizamos las ofertas de venta adicional para que la gente comprara más productos. Si hicimos un buen trabajo, también obtuvimos ganancias. ¡Otro paso adelante! Genial… pero ¿y si dicen que no?→ *Les hacemos una venta descendente.*

La venta descendente, también conocida como *downsell*, modifica la oferta original para encontrar la solución más rentable *para el presupuesto del cliente.* Por lo tanto, cualquier oferta que hagas después de que alguien diga "no" es una venta descendente.

Hago ofertas descendentes de dos maneras. Cambio la forma de pago o *lo que obtienen*. En cuanto a la forma de pago, equilibro lo que pagan ahora con lo que pagan a lo largo del tiempo. En cuanto a lo que obtienen, cambio la cantidad, la calidad u ofrezco algo diferente.

En primer lugar, repasaremos mis reglas para *la oferta descendente, que se aplican a todos mis procesos de venta descendente.* A continuación, cuando nos adentremos en las ofertas individuales, podrás ponerte manos a la obra y realizar ventas descendentes como un profesional.

Cómo <u>no</u> hacer ventas descendentes: una historia real de un amigo.

Estaba comprando un coche y el vendedor intentó hacer una venta adicional ofreciéndome un seguro más caro. El costo del seguro cuando empezó era de $5.000. Dije que no. Pero entonces bajó el precio. Y volví a decir que no. Siguió bajando el precio hasta que el **mismo seguro que me había ofrecido primero** *por $5.000 ¡pasó a costar solo $400! Seguí diciendo que no. Al principio dije que no porque era demasiado dinero, pero al final dije que no porque no confiaba en él. Toda la experiencia me pareció desagradable. Entonces me pregunté: ¿también me estará estafando con el coche? ¡Ya no quería ni siquiera comprarle el coche!"*

La gente baja el precio para cerrar una venta. Pero incluso si cierras esta venta, el cliente cuestionará todos los precios que le ofrezcas a partir de ese momento… y se lo contará a quien quiera. Cambias la confianza por un dólar. No vale la pena.

Nota: Puedes ofrecer algo diferente por menos dinero. Simplemente no puedes ofrecer *lo mismo* por menos dinero. Si él hubiera ofrecido un seguro *diferente* por menos dinero, en lugar *del mismo* seguro por menos dinero, probablemente habría conservado su confianza y cerrado la venta.

Las reglas de la venta descendente

VENTAS DESCENDENTES

Recuerda, rechazaron *esta* oferta, no *todas* las ofertas. A veces (muchas veces) la gente dice que **no**... *y eso está bien.* El hecho de que hayan rechazado *esta oferta* no significa que te hayan rechazado *a ti*. Duele cuando alguien te rechaza. Lo entiendo. Pero míralo como lo que es: una oportunidad para descubrir lo que realmente quieren y sacar provecho de ello. En lugar de esconder la cabeza bajo el ala, mantente firme y haz otra oferta. *No a esto no significa, no a todo.*

Las ventas descendentes son negociaciones. Cuando realizas una venta descendente, trabajas con el cliente para encontrar combinaciones de dar y recibir hasta que llegan a un acuerdo. *Si vas a dar algo, obtén algo a cambio.*

Personaliza, no presiones. Averigua qué les gusta y qué no les gusta. Luego, ofréceles más de lo que les gusta y menos de lo que no les gusta, *con un precio acorde*. Aquí estás personalizando. Si alguien rechaza mi oferta de refresco grande, puedo ofrecerle alternativas. Podría preguntarle si quiere uno pequeño, un jugo o un café. ¿Estoy siendo ofensivo al preguntar? Por supuesto que no. De hecho, si puedo atenderlo mejor, sería ofensivo *no hacerlo*.

Ofrece lo mismo de formas diferentes. En un mundo ideal, tendrías montones de cosas diferentes que vender para que todo el mundo comprara algo. En el mundo real, limitas las ventas descendentes a lo que tienes. De lo contrario, crearías productos (y problemas) por valor de cien negocios diferentes. Una elección absurda. Así que piensa en las ventas descendentes más como cien formas de ofrecer lo que ya tienes.

No bajes el precio solo para conseguir que alguien compre. En primer lugar, bajar el precio no es realmente una venta descendente, *es un descuento*. Si alguien quiere lo que tú tienes, pero no quiere pagar el precio, mala suerte. Por otro lado, *puedes* ofrecerles pagar menos *ahora* y más dinero con el tiempo, es decir, un plan de pago. Pero, hagas lo que hagas, no cambies el precio solo para conseguir que alguien compre porque...

Los clientes hablan del precio. Por supuesto, prueba los precios. Planifica ofrecer tu producto a un precio específico, a un número específico de personas, *con anticipación*. Eso es muy diferente a cobrar menos a alguien en el momento solo porque temes perder la venta *en ese instante*. Los clientes hablan. Si se enteran de que alguien ha conseguido lo mismo por menos *"solo porque sí"*, te ganarás su enfado. Y también se vuelve un problema ético, al menos para mí. Evítalo.

A continuación…

Yo utilizo tres procesos de venta descendente sencillos y tremendamente eficaces:

- Ventas descendentes en planes de pago (*cómo pagan*)
- Prueba con penalización (*cómo pagan*)
- Ventas descendentes por prestaciones (*lo que obtienen*)

Estos procesos de venta descendente aumentan aún más las ganancias en 30 días. Lo consiguen generando aún más ventas cuando los clientes habrían dicho que no. Y me encantan porque, con solo un par de ajustes, puedes adaptarlos a tu negocio y cosechar los frutos hoy mismo.

UN REGALO PARA TI: Capacitación en video sobre ofertas de ventas descendentes

La gente dice que no. No te pongas nervioso. Concéntrate. Ten claro qué vas a ofrecer a continuación. He grabado un video para explicar este capítulo con detalle. Puedes verlo gratis en acquisition.com/training/money. He incluido un código QR para que puedas acceder de forma fácil y rápida.

Venta descendente con plan de pago

¿Cuánto puedes pagar hoy?

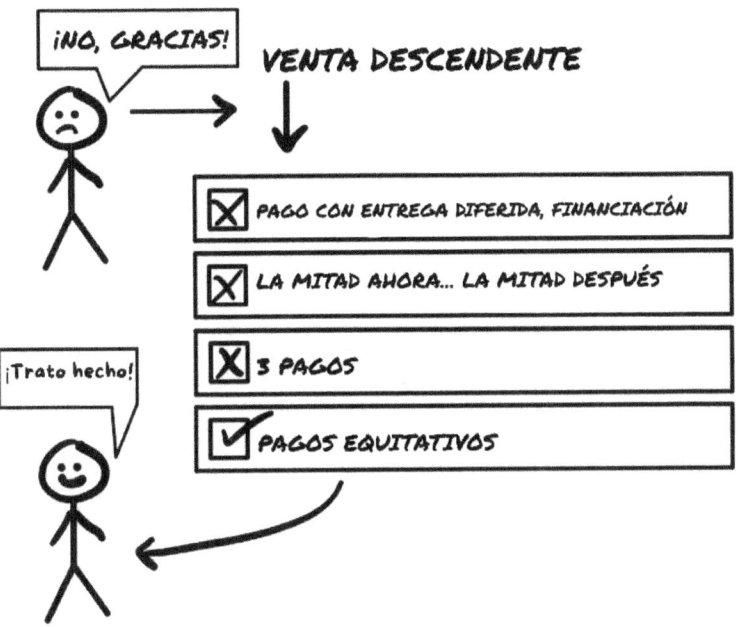

Agosto de 2013.

Era mi primer mes real en el negocio. Me quedaba exactamente el alquiler de un mes en mis ahorros… y *nunca había conseguido que un desconocido me entregara dinero.* Y ahora, tenía que conseguir que docenas de desconocidos me dieran dinero en las próximas semanas, solo para mantener las luces encendidas.

Solo hice unas pocas ventas la primera semana. Si seguía así, muy pronto me moriría de hambre. Tenía pesadillas en las que volvía a casa como un fracasado. La idea era insoportable. Estaba desesperado.

A la mañana siguiente, entró una clienta potencial y le hice mi presentación habitual. Ella dijo: "No me lo puedo permitir". Normalmente, me habría rendido. Pero *realmente* necesitaba el dinero. Así que, en mi desesperación, solté: "Vale, ¿cuándo cobras?".

"El primero de mes".

"Ok, paga la mitad ahora y la otra mitad cuando cobres".

"Tampoco puedo permitírmelo".

"Bueno, ¿de verdad quieres hacer este programa?".

"Sí, lo quiero".

"¿Y si haces tres pagos y hoy pagas un tercio?"

"Sigo sin poder hacerlo".

"Mmm… ¿Qué *puedes* hacer?

"Sinceramente, nada. Pero puedo pagarlo todo el día 1".

Mi alquiler vencía el día cinco. *Bingo*. "Suena bien. Solo permíteme tu tarjeta y te lo cobraré el día dos. ¿Te parece bien?"

"Sí, ¡genial!"

Dos semanas después, utilicé la tarjeta *y funcionó*. Mi primer plan de pago fue todo un éxito.

Aleluya.

***

Las ofertas de venta descendentes con planes de pago funcionan independientemente del número de ceros que tenga el precio. He ganado decenas de millones de dólares con ellos y sigo utilizándolos hoy en día. Pero los planes de pago son una apuesta arriesgada. Por eso hay que saber cómo utilizarlos. Yo sé *cómo* utilizarlos y te enseñaré exactamente cómo hacerlo.

Los planes de pago son una apuesta arriesgada porque pueden generar ganancias de una manera, *pero también pueden generar pérdidas de dos maneras*. Te permiten ganar más dinero cuando consigues más clientes y estos completan sus pagos. Te permiten ganar menos dinero cuando las personas cancelan antes de que obtengas ganancias. Cuando más pierdes es cuando las personas que habrían pagado al contado optan por un plan de pagos y cancelan antes de tiempo.

Este capítulo te ayudará a maximizar la cantidad de dinero que ganes con los planes de pago y a minimizar el dinero que pierdes. Apuesto cuando sé que voy a ganar. Con esta estrategia, tú también podrás hacerlo.

Descripción

Cuando la mayoría de la gente piensa en "venta descendente", piensa en una cantidad menor, una calidad inferior, un precio más barato, etc. Es lógico. Pero a mí me gusta hacer ventas descendentes ofreciendo el mismo producto de nuevo. Sé que suena descabellado, pero escúchame. En lugar de ofrecer algo diferente, distribuyo el costo cobrando una parte por adelantado y dividiendo el resto en pagos programados. A esto lo llamo "venta descendente con plan de pago". Veamos cómo funciona.

Muchas personas rechazan ofertas porque "cuestan demasiado". A veces es cierto. Pero, en respuesta a esto, los empresarios y otros profesionales de las ventas inmediatamente ofrecen descuentos o venden productos más baratos *solo para que la gente diga que sí*. Sin embargo, en un *gran* porcentaje de los casos, "cuesta demasiado" *realmente significa* "esto cuesta demasiado *por adelantado*". En otras palabras, la gente cree que los descuentos funcionan porque pagan menos por el producto. Pero, si lo analizamos más detenidamente, en realidad es porque pagan menos *en ese momento*. Por lo tanto, los planes de pago ofrecen lo mejor de ambos mundos. Consiguen más compradores porque los clientes pagan menos en ese momento. Pero también aumentan tus beneficios porque los clientes siguen pagando el precio completo a lo largo del tiempo.

Mi proceso de venta descendente con plan de pago consta de siete pasos. El proceso pasa de cobrar más por adelantado a cobrar más a lo largo del tiempo. Me detengo cuando compran. Estos son los pasos:

1) Recompenso el pago completo en lugar de penalizar el pago a plazos.

2) Ofrezco financiación de terceros, tarjetas de crédito, opciones de pago a plazos

3) Ofrezco pagar la mitad ahora y la mitad más adelante.

4) Compruebo si siguen queriendo el producto

5) Ofrezco dividirlo en tres pagos

6) Ofrezco pagos distribuidos de manera uniforme

7) Ofrezco una prueba gratuita.

Veámoslos por orden.

Ejemplo de proceso venta descendente con plan de pago

Paso 1) Recompenso el pago completo en lugar de penalizar el pago a plazos. Si asumo el riesgo de un plan de pago, aumento el precio. Las empresas normales lo hacen cobrando intereses. Pero yo lo hago ofreciendo un <u>descuento</u> *si pagas al contado*.

Piensa en cómo las empresas suelen cobrar intereses: básicamente dicen… *"Son 10 dólares si lo pagas ahora mismo, pero son 15 dólares si lo pagas a plazos porque cobramos 5 dólares de intereses".* No es nada simpático.

En cambio, yo digo: *"Son 15 dólares… pero son 10 dólares si lo pagas por adelantado. Te ahorras 5 dólares… eso es lo que hace la mayoría de la gente".* Para ello, presento el precio *con los intereses incluidos.* A continuación, ofrezco el pago por adelantado como forma de obtener un descuento. De esta manera, hacemos que la oferta sea más atractiva *y* nos beneficiamos de un ancla de precios. Es la misma ecuación, pero suena mejor.

Si dicen que no, empiezo con la venta descendente. Pero, aun así, intento que paguen primero…

Paso 2) Ofrezco opciones de financiación a través de terceros, tarjetas de crédito y pago a plazos.

Financiación a través de terceros: esto significa que otra empresa me paga ahora y el cliente tiene un plan de pago *con esa otra empresa.* Los concesionarios de automóviles hacen esto todo el tiempo. El concesionario recibe el dinero de la empresa financiera hoy y el cliente paga a la empresa financiera mañana.

Nota: Requiere esfuerzo poner en marcha un financiamiento de terceros, pero vale la pena el trabajo.

Tarjeta de crédito: Solo pregunta: "¿Prefieres que yo decida las condiciones de pago o las decidirás tú?". Dicen que prefieren decidir ellos. Cuando lo hacen, les digo que utilicen una tarjeta de crédito. De esa manera, yo cobro hoy y ellos pueden pagar a la compañía de la tarjeta de crédito a lo largo del tiempo. Me parece increíble que este cambio de perspectiva funcione. Pero funciona. No juzgo, lo hago.

Pago con entrega diferida: El pago con entrega diferida significa pagar el producto *antes* de recibirlo. Los clientes pueden pagar en tantas cuotas como quieran. Pueden tomarse el tiempo que sea razonable para pagar. Sin embargo, solo reciben el producto *después de haber pagado el importe total.* Esta es, *por lejos,* la opción más flexible para ellos y la que menos riesgo supone para nosotros.

Si rechazan estas opciones, paso al paso 3.

Paso 3) Ofrezco la opción de pagarme "la mitad ahora y la mitad después". Empiezo preguntando *"¿Cuándo cobras?".* Después, pregunto *"¿Quieres pagar la mitad hoy y el resto cuando cobres?".* Si no pueden hacerlo, pregunto *"¿Cuánto es lo máximo que puedes pagar hoy?".* Cuando te ofrecen una cantidad, di *"Genial. Págame eso hoy y el resto cuando cobres. ¿Te parece bien?". Me* gusta programar los pagos en función de la fecha de cobro, ya que la mayoría de la gente cobra cada dos semanas. Esto aumenta las ganancias a 30 días mucho más que los pagos mensuales.

Si no pueden con ninguna de esas opciones… me detengo para asegurarme de que realmente lo desean.

Paso 4) Compruebo si todavía quieren el producto. Ningún plan de pago satisfará a un cliente que no quiera el producto. Por lo tanto, asegúrate de que la persona realmente quiera tu producto antes de esforzarte más en venderlo. Podrías decir algo como*: "Entendido. Así que ahora mismo andas corto de dinero, ¿ ? Rápido, quiero asegurarme. En una escala del 1 al 10, ¿cuánto deseas hacer esto?".* Si responden 8 o más, sigue ofreciendo planes de pago y di: *"Genial. No te preocupes. Vamos a encontrar la manera de que esto sea posible para ti".* Si dice 7 o menos, pregúntale: *"¿Por qué no un 10?",* y luego di algo como*: "Tienes razón. Creo que tenemos algo que podría adaptarse mejor a tus necesidades".* A continuación, véndele algo diferente (ventas descendentes por prestaciones, veremos esto un poco más adelante).

Paso 5) Ofrezco dividir el pago en tres cuotas. Si han respondido entre 8 y 10 en la escala, hago una oferta descendente reduciendo de la mitad a un tercio. Ofrezco una opción de pago en tres cuotas: un tercio ahora y un tercio con los dos próximos sueldos, o un tercio ahora y un tercio en los dos próximos meses.

Paso 6) Ofrezco pagos distribuidos de manera uniforme. Si aun así no pueden hacerlo, distribuyo los pagos de manera uniforme a lo largo del resto del servicio. Por ejemplo, Gym Launch tenía un plan de duración de dieciséis semanas, por lo que les cobraba cada semana (dieciséis veces en total). Si eso sigue siendo problemático, voy al paso 7.

Paso 7) Ofrezco una prueba gratuita. Yo ofrezco pruebas gratuitas de una manera especial. Por eso, he dedicado el siguiente capítulo a este tema. Pero la venta termina aquí. Al menos por ahora.

Este proceso de oferta de venta descendente con plan de pago puede incluir hasta *nueve* ofertas diferentes. Y si crees que eso es una locura, probablemente estés ganando mucho menos dinero y atendiendo a muchos menos clientes de lo que podrías.

Notas importantes

Venta descendente tipo "balancín". Si prefieres menos pasos o tienes vendedores con menos experiencia, puedes utilizar este proceso de venta descendente con plan de pago. En lugar de pedir el importe total, simplemente pregunta: *"¿Prefieres pagos mensuales elevados o pequeños?".* Te responderán que pequeños. Entonces dices: *"Normalmente cuesta*

XXX. Y si lo pagas al contado hoy, obtienes un gran descuento y cero pagos mensuales. ¿Te parece bien?". Esto presenta el plan de pago como algo negativo y destaca las ventajas de pagar por adelantado.

Luego, si dicen que no pueden permitírselo, diles que cuanto más paguen ahora, menores serán sus pagos mensuales. *"Si no puedes pagarlo al contado, lo entiendo perfectamente. Simplemente ajustaremos el pago inicial hasta que consigas una cuota mensual que te sirva".* Esto sigue incentivando a realizar pagos iniciales más elevados para reducir las cuotas mensuales. Si siguen diciendo que no, pregúntales si aún quieren el producto. Si es así, acerca tu silla a su lado de la mesa y explícales las opciones. La venta se convierte en un esfuerzo en equipo. Sencillo.

Los planes de pago tienen ventas adicionales incorporadas: haz ofertas periódicas para el descuento original por pago completo durante su plan de pago. Si pagan el saldo, aún pueden obtener el "descuento por pago contado" original. Esto funciona excepcionalmente bien. Los clientes se olvidan que tienen esa opción. Así que cuando se la ofrecemos, algunos aprovechan la oportunidad. Además, ofrece un incentivo a tu equipo de ventas para incentivar el seguimiento y cerrar el saldo final. Y recuerda, *si les das a las personas la opción de pagar más lentamente, pagarán más lentamente. Si les incentivas para que paguen más rápido, pagarán más rápido.* Así que, si quieres que paguen más rápido, dales una buena razón para hacerlo.

Reduce los pagos rechazados. Alinea los calendarios de pago con los días en los que las personas reciben su sueldo. Si cobras los días en que la gente cobra su sueldo, tienes más posibilidades de que paguen. Además, los sueldos de las personas ingresan en diferentes momentos, por lo que, si al principio tu pago es rechazado, vuelve a intentarlo varias veces ese mismo día. Aprendí esta estrategia de John (mi primer mentor). A menudo recupero un tercio de mis pagos rechazados realizando este pequeño proceso.

Cómo asegurarte de que los planes de pago te reporten ganancias. Tras implementar los planes de pago, tu tasa de cierre debería aumentar. Obvio. Pero, si el número de pagos al contado disminuye, tienes un problema. ¡Acabas de incluir en planes de pago a personas que habrían pagado el importe completo en el momento! Por lo tanto, *lo que quieres es cerrar más ventas en general, pero con el mismo porcentaje de ventas con pago al contado.*

Ejemplo: si hablo con diez clientes potenciales, podría venderle a tres. Con una oferta de venta descendente, podría venderle a tres más (tengo un total de seis). Así, en el segundo escenario, obtengo el dinero por adelantado de los tres primeros *y* los pagos de los tres segundos. Esto garantiza que las ventas descendentes aumenten adecuadamente tus ganancias a 30 días.

Otra razón para empezar por lo alto antes de ir bajando. Profitwell (una empresa que gestiona suscripciones) publicó datos sobre la pérdida de clientes de 14.000 empresas. Descubrieron esta valiosa información. En *todas las empresas*, la frecuencia de cobro afectaba a la pérdida mensual de clientes.

El cobro <u>mensual</u> (12 veces al año) daba lugar a unas tasas de cancelación mensuales del 10,7%.

El cobro <u>trimestral</u> (4 veces al año) daba lugar a unas tasas de cancelación mensuales del 5 %.

El cobro <u>anual</u> (1 vez al año) dio como resultado un 2 % de cancelaciones mensuales.

Yo presento los precios en orden de mayor a menor cantidad de efectivo por adelantado. Da la casualidad de que esto también hace que los clientes sean más valiosos a largo plazo. Así que empieza por lo alto (menos pagos más grandes) y ve bajando.

Conclusión: Cambiar la forma en que los clientes pagan puede marcar una *gran* diferencia en cuanto al tiempo que permanecen contigo. Profundizaremos en el tema de la continuidad y la pérdida de clientes en la Sección V: Ofertas de continuidad.

Puntos clave

- Las ofertas descendentes con planes de pago distribuyen el costo de un producto cobrando una parte por adelantado y dividiendo el resto en pagos programados.

- Los planes de pago atraen a más compradores, al igual que los descuentos, pero también pueden incrementar las ganancias, ya que los clientes se comprometen a pagar el precio total a lo largo del tiempo.

- Los planes de pago solo hacen crecer tu negocio si atraen más clientes y esos clientes realmente pagan.

- Paso 1) Presenta el precio total y luego ofrece un descuento si pagan el total en efectivo.

- Paso 2) Ofrece financiamiento de terceros, luego la opción con tarjeta de crédito, luego la opción de pago a plazos con entrega diferida.

- Paso 3) Divide el pago en dos. Programa las fechas de pago según sus fechas de cobro.

- Paso 4) Pregunta si todavía quieren el producto en una escala del 1 al 10. Lo ideal es que obtengas un 8 o más.

- Paso 5) Divide el pago en tres partes. Programa los pagos en las fechas de cobro de su sueldo o mensualmente.

- Paso 6) Programa pagos iguales a lo largo de un periodo de tiempo específico.

- Paso 7) Ofrece una prueba gratuita a cambio de que te dejen una tarjeta. Cubriremos este tema en el siguiente capítulo.

- La oferta de venta descendente estilo "balancín" pasa gradualmente del pago completo a pagos iguales.

- La venta adicional con plan de pago: obtienen el precio con descuento original si pagan el saldo hoy.

- Alinea los calendarios de pago con las fechas de cobro de sueldos para reducir el número de pagos rechazados.

Al final de todo esto, si alguien *sigue* negándose a pagar algo, le ofrecemos una prueba gratuita a cambio de su tarjeta. Pero no es una prueba gratuita cualquiera. Lo hago de una manera especial. Me llevó años perfeccionarlo. Así que ahí es donde nos enfocaremos a continuación. ¡*Te va a encantar*!

UN REGALO PARA TI: Capacitación en video sobre ofertas descendentes.

Los planes de pago bien diseñados casi siempre te permiten aumentar las ventas y ganar más dinero. He grabado cómo realizo las ofertas de ventas descendentes para que puedas aplicarlo a cualquier producto que vendas. Para aquellos que prefieren aprender en múltiples formatos (lo cual recomiendo), pueden verlo en acquisition.com/training/money. He incluido un código QR para facilitar el acceso rápido.

Prueba con penalización

Si haces X, Y, Z, te dejaré empezar gratis.

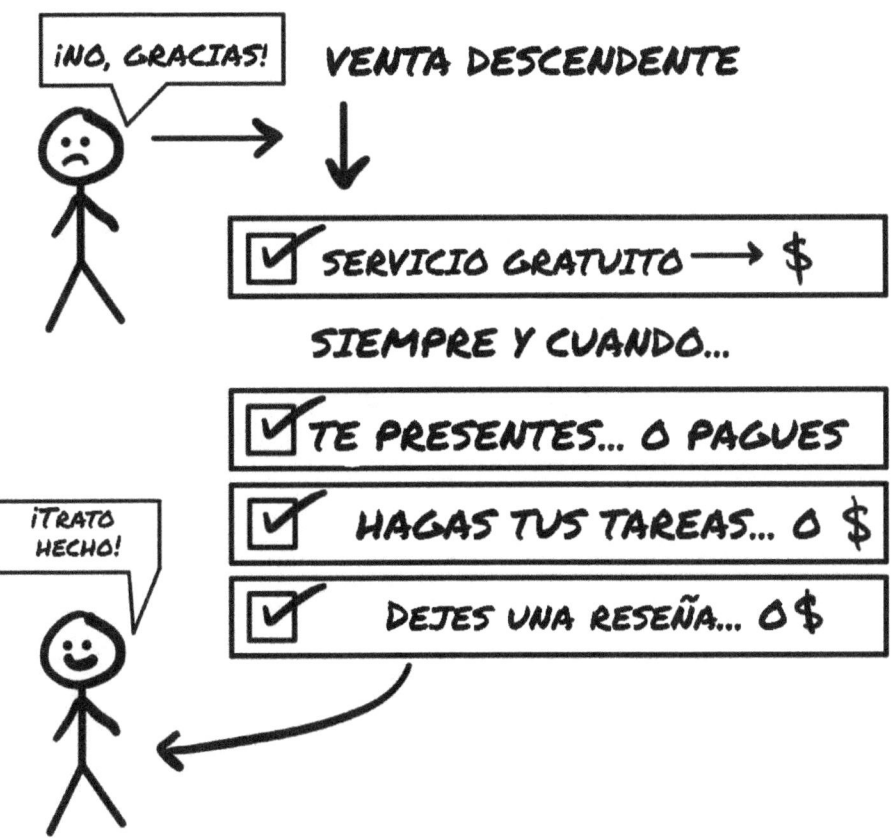

Primavera de 2018.

Gym Launch estaba creciendo rápidamente. Con 100 empleados y en plena expansión, Leila necesitaba mejores soluciones de recursos humanos para gestionarlo todo. Tras meses de llamadas comerciales a posibles empresas de recursos humanos, encontró una que le gustó. Y, para mi sorpresa, no tenía nada de especial, parecía igual que todas las demás.

"Sí, el software es complicado", dijo. "Pero me convencieron".

"¿En serio? ¿Cómo lo han conseguido?".

"Tenían una oferta de prueba con un giro extraño. Era bastante inteligente".

"¿Qué ofrecían?".

"Dijeron que si hacía su capacitación, obtendría la incorporación gratuita. Pero, si me saltaba la capacitación, ¡tendría que pagarlo!".

"¿Y qué hiciste?".

"Por supuesto, hice la capacitación".

"¿Así que te cobraron en la tarjeta de crédito, hiciste la capacitación *y no tuviste que pagar la incorporación?*".

"¡Sí!", respondió con una sonrisa. "Y ahora también sé utilizar ese complicado programa informático".

Momento de claridad.

"Espera… dijiste que no. Entonces, ¿te ofrecieron una prueba gratuita con la condición de que te *penalizarían* si *no* la usabas?".

"Básicamente. Quiero decir, tiene sentido. Me obligaron a aprender y ahora no quiero aprender a usar el software complicado de otra empresa… ¡así que nos quedamos con ellos!"

"Tienes razón. Fue bastante inteligente".

***

La empresa de software utilizó la prueba con penalización como oferta *de atracción*, pero yo prefiero *hacer una oferta de venta descendente* de las pruebas. Por lo tanto, solo rebajo el precio de la prueba si rechazan mi primera oferta. Y si lo haces como te voy a mostrar, solo cambia lo que pagan hoy, no lo que pagan *en total*.

Descripción

En una oferta de Prueba con penalización, los clientes pueden probar tu producto o servicio de forma gratuita *siempre que cumplan tus condiciones*. A modo de comparación, las ofertas de Recupera tu dinero (oferta de atracción n.º1) ofrecen a los clientes la posibilidad de recuperar su dinero *si cumplen con ciertos términos*. En las ofertas de prueba con penalización, los clientes solo pagan *si no cumplen las condiciones*.

Lo ideal es que las condiciones sean aquellas que atraigan a los mejores clientes. Por lo tanto, reflejarán las acciones y los resultados buscados en tu oferta "Recupera tu dinero". Pero en lugar de incentivar el ganar dinero de vuelta, usamos evitar pagar tarifas (en lugar de ganar dinero) para motivar a que cumplan con las condiciones.

Así que la prueba con penalización no es "aquí tienes mi producto, a ver si te gusta", sino *"aquí tienes mi producto, lo obtienes gratis siempre y cuando hagas esto… lo que te convierte en el candidato perfecto para mi próxima oferta. Y si no lo haces, tendrás que pagarlo"*.

Para realizar una oferta de venta descendente con penalización, debes tener en cuenta lo que deben hacer para evitar el cargo y cómo se les cobrará. Normalmente, conseguirás que un grupo de personas compre tu oferta principal. Por lo tanto, ofrécela primero. Y al resto, les ofrecerás esta venta descendente. Supongamos que normalmente consigues que tres de cada diez personas acepten tu oferta de atracción. Y ahora consigues que *otras* cuatro acepten una prueba con penalización. Luego, una vez finalizada la prueba, consigues que tres de ellas acepten una venta adicional. Pasas de tres ventas a seis, ¡*duplicando* tu número de clientes! Si solo tienes una oferta, pierdes a todos los que dicen que no. Las pruebas con penalización dan a las personas otra oportunidad de decir que sí.

Todavía me molesta haber perdido *miles* de clientes en pruebas gratuitas a lo largo de los años antes de aprender esto. ¡Pero ahora podemos salvarlos! La prueba con penalización lo hace posible.

Ejemplos

Oferta de empresa a consumidor: Plan de 28 días para dejar ese hábito

- ☐ Para obtener la prueba gratuita (y evitar la penalización), debes…
- ☐ Asistir a todas tus llamadas de consultoría
- ☐ Publicar tu progreso en el grupo una vez por semana
- ☐ Escribir un diario en nuestra aplicación
- ☐ Asistir a sesiones de retroalimentación y sesiones de transformación (también conocidas como oportunidades de venta adicional).

Oferta de empresa a empresa: Desafío "Consigue tus primeros 5 clientes en 5 días".

- ☐ Para obtener la prueba gratuita (y evitar la penalización), debes…
- ☐ Enviar 100 mensajes al día
- ☐ Informar de las estadísticas de los mensajes enviados
- ☐ Asistir a la capacitación diaria

☐ Publicar en el grupo a diario una vez que hayas hecho las tareas asignadas

☐ Asistir a tu llamada de graduación (oportunidad de venta adicional)

Software: $500 por la incorporación al software de RR. HH. y, a partir de ahí, $99 al mes.

☐ Prueba con penalización: no tienes que pagar $500 por adelantado, pero debes…

☐ Asistir a la sesión de incorporación, que consiste en tres llamadas de Zoom de sesenta minutos (oportunidades de venta adicional)

☐ Realizar las tareas asignadas

☐ Activar tu perfil de empleador

☐ Configurar las cuentas de tus empleados antes de que finalice la tercera llamada

De lo contrario, tendrás que pagar la tarifa.

Notas importantes

Qué obtienen gratis y qué tienen que hacer para evitar el pago de la tarifa. Tendrás que saber cuáles serán tus *condiciones de servicio*. Las partes valiosas serán tu oferta básica (como la oferta señuelo) *o* tu oferta "Recupera tu dinero". Cualquiera de las dos vale. Te recomiendo dar más en la oferta, en lugar de menos, si te lo puedes permitir. Los criterios deben activar y retener a los clientes. Puedes tomarlos directamente de la oferta "Recupera tu dinero": oferta de atracción n.º 1.

Dividir las tarifas por incumplimiento vs. tarifa única. Supongamos que tienes un producto de 500 dólares con diez cosas que hacer. Prefiero cobrar 50 dólares por cada incumplimiento que una tarifa de 500 dólares por el primer incumplimiento. Por otro lado, si un solo incumplimiento realmente arruinará tu éxito, querrás que la tarifa refleje eso. He visto que ambas opciones funcionan.

Cómo hacer una venta descendente en la oferta de prueba. Aquí tienes un gráfico que muestra cómo rebajo el precio de una prueba con penalización en cinco pasos.

Ofrece la prueba al final. Si alguien deja claro que no quiere tu primera oferta, entonces rebaja el precio de la prueba con penalización. Podría decirse así: *"Vaya, qué dilema. Te diré una cosa. ¿Qué tal si te dejamos empezar gratis? ¿Te parece bien? Podemos ayudarte y, si te gusta, puedes quedarte. Permíteme tu identificación y podemos empezar con el proceso, ¿te parece justo?"*

Siempre pide una tarjeta de crédito. Registra su información, quédate con su identificación y pídeles su tarjeta de crédito diciendo: *"¿Qué tarjeta quieres usar?"*. <u>Deben dejar una tarjeta</u>. Si se niegan, solo di: *"Así es como siempre lo hemos hecho"*. Si siguen negándose, deséales un buen día y acompáñalos a la salida.

Siempre vende la permanencia y el pago. Pregunta <u>directamente</u>: *"Si este programa te da resultados, ¿te quedarás a largo plazo?"*. Quieres que acepten quedarse a largo plazo si les das resultados. Si dicen que no, no tiene sentido ofrecerles una prueba.

Luego, plantea la conversación como si fueran a quedarse a largo plazo, aunque aún no hayas empezado a facturarles. Así que, si dicen "no", pero quieren más explicaciones, di algo como esto: *"No quiero que lo pruebes. Quiero que obtengas resultados. Y, por integridad, quiero establecer objetivos realistas. No vas a alcanzar tus objetivos a largo plazo durante esta prueba. Pero vas a establecer hábitos que te ayudarán a conseguirlos. Y te vamos a ayudar a hacerlo de forma gratuita. Pero si quieres obtener resultados a largo plazo, tendrás que seguir después. Solo quiero asegurarme de que no buscas una solución rápida, porque éticamente no puedo prometerte eso"*.

Una vez que estén de acuerdo, sigue adelante.

Explica las tarifas *después* de obtener su tarjeta. Yo digo algo como*: "Nosotros haremos nuestra parte siempre y cuando tú hagas la tuya. Es justo, ¿no lo crees? Así que ahora solo te pido que apuestes por ti mismo: si te salteas una parte o te olvidas de algo, tus resultados se verán afectados. Cobramos para mantenerte en el buen camino. Si te olvidas de algo, no pasa nada. Te cobraremos una pequeña tarifa, pero eso te ayudará a volver al buen camino. Si sigues adelante, obtendrás todo esto de forma gratuita. Así que esta es la mejor manera de ayudarte a conseguir resultados increíbles y mantenerlo gratis para ti. De esta manera, todos ganamos".*

Nota: Si explicas las tarifas *antes* de obtener la tarjeta, encontrarás más resistencia. Por lo tanto, explícalas *después* con una actitud del tipo *"así es como siempre lo hacemos"*. La gente seguirá teniendo que aceptar las tarifas, pero de esta manera obtendrás una tasa de aceptación más alta. Siempre pido a los clientes que firmen aparte junto a las cláusulas de tarifas para obligar a mi equipo de ventas a explicarlas.

Haz que las consultas sean obligatorias. En primer lugar, explicamos *todos* los criterios para que comprendan los costos y beneficios de adherirse. A continuación, llamamos la atención sobre las consultas individuales (nuestras oportunidades de venta adicional): *"Tú debes asistir a cada una de las tres consultas individuales. En la primera haremos X para que puedas [beneficio uno], en la segunda haremos Y para que puedas [beneficio dos]…, en la tercera haremos Z para que puedas [beneficio tres]… Obviamente, deberemos cobrarte si faltas a ellas porque es la única forma que tenemos de ayudarte a conseguir resultados".*

Cómo consigo ventas adicionales a partir de una prueba. Cuando alguien prueba un producto, pueden ocurrir tres cosas: que le guste, que no le guste o que no lo utilice. A continuación explico cómo consigo ventas adicionales en cada uno de estos casos.

1) Si le gusta: Este es el caso más fácil. Ya tienes configurada la facturación automática. ¡Genial! Reúnete con la persona de todos modos. Aún puedes ofrecerle una versión de tu servicio con mayor duración o mayor valor (o ambas cosas).

Los clientes exitosos tienden a obtener aún más valor de tu oferta premium (y más rentabilidad).

2) <u>Si no le gusta</u>: *Haz que esa cara triste se transforme en una sonrisa*. Pregúntale qué le hubiera gustado que fuera diferente. Dile que tiene toda la razón y que estás enfadado contigo mismo por no haberlo visto. *No lo culpes*. Solo una persona puede estar enfadada, y esa persona debes ser tú. Pregúntale si te dará una oportunidad para compensarlo por lo indignado que estás por su experiencia. Y ahora, como comprendes mejor sus necesidades, verán que se ajustan mejor a tu producto de mayor nivel. Entonces, ofréceles ese producto. Sí, se trata de una venta. Puedo conseguir que aproximadamente la mitad de estas personas compren.

3) <u>Si no lo utilizó</u>: *Ponte en contacto con la persona varias veces antes de llegar a este punto*. Explícale que necesitas reunirte con ella. Ofrécele eximirle del pago si lo hace. Ahora, puedes intentar que vuelva a encaminarse u ofrecerle algo mejor. Personalmente, no me gusta cobrarle a los que no cumplen. Una pequeña cuota no vale una reseña de 1 estrella. Pero bueno, es tu elección.

Ajusta tu prueba para conseguir el mayor número de clientes. Si nadie acepta tu prueba, reduce los requisitos o las penalizaciones. Si la gente acepta tu prueba pero no la completa, haz hincapié en explicarles cómo les ayudarán las tarifas y asegúrate de incluir reuniones de ventas como obligatorias. Si no permanecen en el programa, mejor enfócate en destacar el valor de quedarse y pagar, mejora la entrega y asegúrate de que lo que vendes en la fase final *sea coherente* con lo que vendes en la parte inicial. Si empiezas a ganar dinero, no pares.

Permite que la gente compense sus errores. A menudo, la gente se desanima después de recibir la factura. Sin embargo, puedes ofrecerles la oportunidad de "compensarlo". Esto es muy eficaz para que vuelvan a encarrilarse e intenten "reparar" la situación. Pero, si no lo hacen, estás en todo tu derecho de cobrarles.

Llámalo simplemente "prueba gratuita". Aunque la prueba con penalización tiene algunas "prestaciones especiales", deberías llamarla simplemente "prueba gratuita". De lo contrario, la gente puede asustarse y confundirse. Nadie quiere ser penalizado. Y si te preguntan por qué haces las pruebas gratuitas de esta manera, simplemente responde con *"Siempre lo hemos hecho así"* o *"La gente obtiene los mejores resultados de esta manera"*.

Paga menos ahora o paga más después frente a prueba con penalización. Yo utilizo "Paga menos ahora o paga más después" como estrategia de venta descendente para productos físicos o servicios puntuales. Y utilizo "Prueba con penalización" como estrategia de venta descendente para productos o servicios recurrentes. Además, solo he conseguido que esto funcione en negocios en los que el cliente tiene que esforzarse para obtener resultados. Si encuentras otros tipos de negocios en los que esto funcione, ¡házmelo saber!

Descuentos para obtener tarjetas registradas. Algunas personas se ponen nerviosas cuando les ofreces algo gratis y les pides una tarjeta. Y si tienes un precio muy bajo, eso justifica pedir la tarjeta. El precio bajo significa que la tarjeta probablemente funcionará cuando comiencen los pagos automáticos. Así que, en lugar de un mes gratis, podrías ofrecer "el primer mes por $1" y luego $X al mes cuando se repita.

Puntos clave

- En una oferta de prueba con penalización, los clientes pueden probar tu producto o servicio de forma gratuita *siempre que cumplan con tus condiciones.*

- Las ofertas de prueba con penalización consiguen el "sí" de personas que habían dicho "no".

- Para ello, debes: obtener la tarjeta, conseguir el compromiso, explicar lo que tienen que hacer para obtener resultados y las reuniones a las que deben asistir, y lo que sucederá si no lo hacen.

- Las pruebas con penalizaciones consiguen más clientes que pagan que las pruebas gratuitas normales, ya que utilizan más tu producto y realmente obtienen valor de él.

- Utiliza los mismos criterios de "reembolso" de "Recupera tu dinero" (Oferta de atracción n.º 1) para crear tus criterios de prueba con penalización. De esta manera, al final de la prueba, habrán hecho lo necesario para convertirse en excelentes clientes a largo plazo (y promocionar tu negocio de forma gratuita).

- Puedes dividir las tarifas según criterios específicos o cobrar una tarifa única. A mí me gusta dividirlas.

- Ganas dinero consiguiendo resultados para las personas y convirtiéndolas en clientes, no cobrando pequeñas tarifas sin sentido.

- Aprovecha las revisiones a mitad del período de prueba para hacer más ofertas. Si les encanta, dales más de lo que les gusta. Si tienen problemas, cámbialo por algo que les resulte más útil. Si no lo están utilizando, ofréceles la posibilidad de "reencaminarse" para evitar pagar la tarifa.

UN REGALO PARA TI: Capacitación de prueba gratuita.

No todas las empresas pueden ofrecer pruebas gratuitas. Pero si tú puedes, es una estrategia de venta muy eficaz. Obviamente, hay formas correctas e incorrectas de hacerlo, y empresas adecuadas e inadecuadas para ello. He creado un video gratuito para ti en el que trato este capítulo y todos los detalles que he podido incluir. Puedes verlo en acquisition.com/training/money. Puedes escanear el código QR para que acceder a él de forma rápida y sencilla.

Ofertas descendentes por prestaciones

¿Por qué no probamos esto en su lugar?

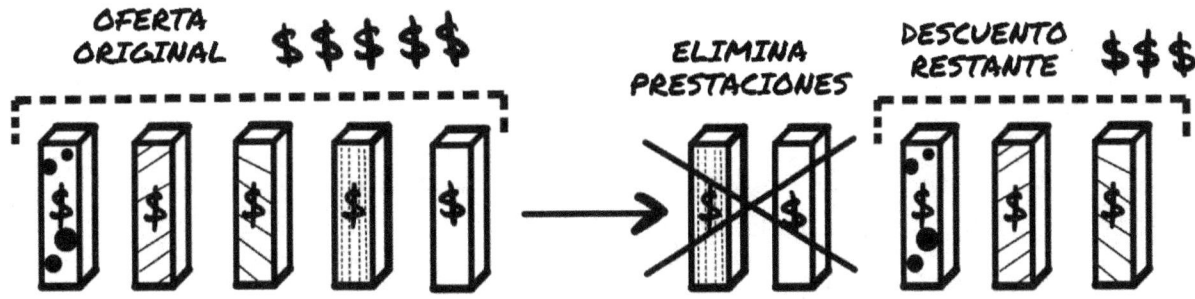

No recuerdo exactamente cuándo durante el 2019.

"Esta nueva estrategia de venta descendente triplicó mi tasa de cierre del 25% al 75% el último trimestre. Y lo que es aún más sorprendente, más personas compraron el producto principal", dijo entre bocados.

¿Empiezas ofreciendo un plan de pago o un descuento?

"Ninguna de las dos cosas. Los planes de pago tardan demasiado. Y los descuentos devalúan mi producto".

Eh… "Estamos hablando de un producto premium, ¿verdad?".

"Sí".

"Vaya. ¿Qué estás haciendo?

"Bajo el precio, pero lo justifico eliminando una prestación. De esa manera, no estoy haciendo descuentos".

"¿Y qué prestación has eliminado?".

"Mi garantía de devolución total del dinero".

"Nunca había pensado en las garantías como una prestación, muy interesante… Espera… ¿Bajas el precio quitando la garantía?".

Sí. Funciona muy bien. Cuando nos plantean una objeción sobre el precio, preguntamos: *"Si no quieres la opción de recuperar tu dinero, puedes pagar menos. O bien, puedes mantener la garantía de devolución del dinero. ¿Qué prefieres?".* Una vez que comprenden a lo que estarían renunciando, suelen decir: "Al diablo, prefiero mantener la garantía y recuperar mi dinero".

"Ahhhh… así que solo ven el valor de la garantía *después* de que la eliminas. Y eso también explica por qué muchos más están comprando el producto principal. Muy inteligente". Luego pregunté: "… ¿cómo se desglosan las cifras?".

"Antes, solo tenía una opción a precio completo. Así que, si 100 personas participaban en una llamada, 25 compraban.

Ahora, 35 personas compran el producto principal y 40 aceptan la venta a menor precio".

"Así que aumentaste el número de compradores que pagaron el precio completo, la tasa de cierre total *y* el efectivo por adelantado. ¡Genial!".

"Sí, me cambió la vida", dijo.

***

Los dos últimos capítulos trataron sobre las ofertas descendentes con planes de pago y las pruebas con penalización. Hicimos ofertas descendentes manteniendo el precio total, solo cambiando cuándo y cómo pagaban.

En este capítulo, trataremos las ofertas de venta descendente por prestaciones. Con ellas, realizamos ofertas descendentes bajando el precio. Pero en lugar de un descuento, que abarata el mismo producto, bajamos el precio *cambiando lo que obtienen*.

Descripción

Las ofertas descendentes por prestaciones reducen los precios cambiando lo que obtienen los clientes. Las realizo ofreciendo alternativas de menor cantidad, menor calidad y menor precio, o eliminando componentes opcionales.

Todas las prestaciones tienen un precio y un valor. Si eliminas algo, el precio claramente baja. Pero también disminuye el valor. Las prestaciones que eliminas y cuánto bajas el precio afectan a lo buena que podría ser la oferta para el cliente. Este cambio en la relación precio-valor de tu oferta afecta a la forma en que la gente compra. Las personas querrán obtener la *mejor oferta para ellos*.

Por ejemplo, si eliminas cosas que odian y bajas mucho el precio, obtienen una *mejor oferta*. Si eliminas cosas que les encantan y bajas un poco el precio, obtienen una *oferta peor*. Ambas opciones hacen que la gente compre. En la historia, a los clientes les encantaba la garantía. *La garantía tenía mucho más valor que su precio*. Así que, aunque al principio dijeran que no, eliminar la garantía demostró al instante su valor. Los clientes vieron la oferta de mayor precio como una *mejor oferta*. Así que, después de ver la opción de venta descendente, compraron la primera oferta.

Las personas verán el valor de lo que has eliminado *después de ver la diferencia de precio*. Es decir, las personas sopesan cuánto dinero podrían ahorrar frente a cuánto valor podrían perder. Por lo tanto, una estrategia inteligente de venta descendente consigue que los clientes se vuelvan a "vender a sí mismos" las ofertas más caras. Esto significa que debes *eliminar las prestaciones de mayor a menor valor*. Dado que las personas quieren obtener más valor por su dinero, esto incentiva a los clientes a realizar la compra <u>de mayor valor</u> para ellos.

Las ventas descendentes por prestaciones tienen una fórmula sencilla: eliminar algo, bajar el precio y, en pocas palabras, preguntar "¿qué te parece ahora?"

Ejemplos de venta descendente por prestaciones

Oferta descendente en la <u>cantidad de productos y servicios</u>. En el caso de los servicios, esto podría significar menos sesiones, menos tiempo por sesión o una duración más corta del servicio. En el caso de los productos, significa menos unidades.

<u>Reducción en la cantidad de productos</u>: *en lugar de un suministro para tres meses, ¿qué tal si empezamos con uno solo?*

<u>Reducción en la cantidad de servicios</u>: *en lugar de cuatro sesiones al mes, ¿por qué no empezamos con dos?*

Oferta descendente en la <u>calidad de los productos</u>. Piensa en versiones más antiguas, materiales menos resistentes, materiales de menor estatus social, etc.

<u>Reducción de la calidad del producto</u>: *En lugar de asientos de cuero, podemos ofrecerte asientos de cuero ecológico, ¿qué te parece?*

Oferta descendente en la <u>calidad del servicio</u>. Esto significa muchas cosas. Te daré algunas ideas sobre cómo cambiar la calidad de los servicios. Pista: también funcionan para *aumentar* la calidad del servicio.

<u>Reducción de la calidad del servicio</u>: *en lugar de un tiempo de respuesta de 5 minutos, ¿por qué no empezamos con un tiempo de respuesta de un día? Ahorrarás dinero y seguirás obteniendo respuestas, solo que con un pequeño retraso.*

Más ejemplos de prestaciones de menor calidad de servicio:

- Disponibilidad horaria: en horarios específicos frente a cuando tú quieras.

  - Días de la semana: lunes/miércoles/viernes frente a todos los días

  - Horas del día: de 9 a 5 frente a 24 horas

  - Duración del apoyo: llamadas de asistencia de 15 minutos frente a llamadas de asistencia de 60 minutos

- Disponibilidad de ubicación: una ubicación vs. todas las ubicaciones que tenemos

- Cancelaciones: Tarifas por cambio de fecha vs. gratuitas

- Rapidez de respuesta: respuesta en minutos vs. horas, días, etc.

- Velocidad de entrega: espera en la fila vs. prioridad, mismo día/día siguiente vs. la semana siguiente, etc.

- Relación de servicio: uno a uno vs. uno a muchos vs. muchos a uno

- Método de comunicación: asistencia por texto vs. asistencia por chat vs. asistencia por videollamada, etc.

- Calificación del proveedor: propietario vs. empleado con mucha antigüedad vs. empleado nuevo, etc.

- En vivo vs. grabado: verlo mientras ocurre frente a verlo *después* de que haya ocurrido

- Presencial vs. remoto: verlo donde ocurre frente a verlo en otro lugar

- Forma de hacerlo: Hazlo tú mismo vs. lo hago contigo vs. lo hago por ti

- Caducidad: funciona siempre vs. funciona durante X tiempo vs. funciona en momentos específicos.

- Personalización: genérico vs. hecho a medida para ti

- Seguro/garantía:

  - Duración: Por un año vs. De por vida

  - Cobertura: Si ocurre algo malo específico vs. Si ocurre cualquier cosa

  - Condiciones: incondicional vs. solo si haces XYZ

Oferta descendente <u>eliminando prestaciones completas</u>. En lugar de reducir la cantidad o la calidad, eliminas la prestación en sí. En la historia, él eliminó una garantía.

<u>Eliminar toda la prestación de la venta descendente:</u> *en lugar de ofrecer asistencia prioritaria por chat, correo electrónico y llamadas, ¿por qué no mantenemos solo la asistencia por chat y correo electrónico y eliminamos las llamadas para ahorrarte algo de dinero? Seguirás obteniendo respuestas, pero nosotros ahorraremos tiempo y podremos trasladarte ese ahorro a ti.*

Reducción de funciones: <u>de "hecho para ti" a "hazlo tú mismo"</u>. Si alguien rechaza todas tus ofertas descendentes del servicio, puedes reducir otro producto que resuelva el mismo problema.

<u>Reducción de ventas de productos de "hecho para ti" a "hazlo tú mismo":</u>

- <u>Quiropráctico:</u> *En lugar de tratamientos quiroprácticos, ¿por qué no empezamos con algunas herramientas que puedes usar para hacerlo tú mismo en casa?* Entonces, venderías masajeadores para el hogar, rodillos de espuma, colchonetas, etc.

- <u>Pintor:</u> *Si no puedes permitirte un pintor para que pinte tu casa, ¿por qué no te doy la pintura y te alquilo una de nuestras máquinas pulverizadoras por una tarifa diaria?*

- <u>Alex Hormozi:</u> *En lugar de que mi equipo y yo compremos tu empresa y hagamos crecer activamente tu negocio, ¿por qué no asistes a un taller?* (*Ejem* Visita acquisition.com)

Notas importantes

Recuerda: nunca negocies el precio. Las personas que exigen pagar menos por lo mismo son terroristas empresariales. Yo no negocio con terroristas. Si quieren pagar menos ahora, ofréceles un plan de pago. Si quieren pagar menos en general, ofréceles una reducción de prestaciones. Pero no permitas que nadie pague menos *solo porque sí*.

Mantén la postura de un guía servicial. Recuerda que la oferta descendente por prestaciones consiste en intentar encontrar *la mejor oferta para ellos*. De este modo, la conversación se mantiene colaborativa en lugar de competitiva. Si actúas de forma agresiva, tus ofertas agotarán a los clientes más rápidamente. Si te mantienes como un guía servicial, podrás realizar tantas ofertas de venta descendente como sea necesario sin agotar al cliente.

Modifica tu proceso de venta descendente de prestaciones. Nuestra tarea consiste en hacer que el producto tenga la mejor relación calidad-precio *a los ojos del cliente*. Sin embargo, al principio, no sabrás mucho sobre las preferencias de tus clientes. Por lo tanto, a medida que resuelvas los mismos problemas para el mismo tipo de clientes, aprenderás qué es lo que más valoran. Una vez que lo hagas, podrás estandarizar tu proceso de venta descendente por prestaciones. Las ventas descendentes por prestaciones atraen a más personas cuando sabes de antemano qué combinaciones de prestaciones presentar.

Cómo estandarizo mi proceso de venta descendente. En primer lugar, elimino algo valioso y bajo *un poco* el precio. Lo hago para que reconsideren la oferta o el precio original. Si eso falla, sigo eliminando prestaciones y bajando precios hasta que compren. Prefiero que la gente obtenga *algo* antes que nada.

Ponle nombre a tus combinaciones de prestaciones. Ponle a la combinación más cara un nombre que tu cliente considere ambicioso, como "Paquete premium", "Transformación total", "La gran apuesta", etc. Fíjate en las aerolíneas. Crea tu propia versión de Primera Clase→ Clase Business→ Turista.

Yo llamo a mi combinación más barata "El paquete mínimo". Me gusta porque implica que tienen que comprar *al menos* eso. Si alguien rechaza todos los demás paquetes, simplemente digo "¿entonces nada más que el paquete mínimo?" para que digan que no y así dicen luego que sí (como en la venta adicional clásica).

Comprueba la receptividad después de dos intentos de oferta descendente (como planes de pago). Si realizas dos cambios seguidos y siguen rechazando la oferta, asegúrate de que realmente quieren el producto. Yo diría algo como: *"Entendido. Una pregunta rápida. Quiero asegurarme. En una escala del 1 al 10, ¿cuánto deseas este producto?"*

Si dicen 8 o más, empieza a ofrecerles un plan de pago más económico. *"Genial. No te preocupes. Vamos a encontrar la manera de que esto sea posible para ti".* Si dicen 7 o menos, pregunta *"¿De qué forma sería un 10?"* y, a continuación, recombina las prestaciones para intentar adaptarte a su "10". Nota: esto significa que puedes alternar entre el plan de pago y la reducción de prestaciones. Si utilizas ambos, les resultará muy difícil rechazarte.

Después de cada oferta descendente, pregunta "¿Trato hecho?" o "¿Te parece justo?". Esto funciona *sorprendentemente* bien. Menos personas verán que has cambiado la oferta para ellos y luego dirán "No, eso no es justo". Escucha cómo presento las ventas descendentes de prestaciones en el episodio 202 de mi podcast *The Game, "How to close everyone: downselling like a pro"* (Cómo cerrar con todo el mundo: ventas descendentes como un profesional).

Las orientaciones gratuitas impulsan las ventas descendentes de productos "hazlo tú mismo". Una vez que alguien ha rechazado todas mis ofertas "Hecho para ti", le pregunto: *"Aunque no vamos a trabajar juntos en X, sigo queriendo ayudarte. ¿Qué tal si vienes* *mañana a una orientación gratuita sobre X?".* Al final de la orientación, ofrezco un producto en la modalidad "Hazlo tú mismo" que resuelve el mismo problema que el servicio "Hecho para ti". Por ejemplo, ofrecí una orientación *gratuita* a las personas que rechazaron mi oferta de fitness. De las personas que asistieron a la orientación (aproximadamente la mitad), casi todas compraron suplementos. Así gané dinero de personas que, de otro modo, habrían dicho que no. Dinero gratis por un poco de trabajo extra.

Haz una oferta descendente de tus garantías como una prestación adicional. Si ya tienes una garantía, haz que eliminarla forme parte de tu proceso de venta de prestaciones adicionales. Las personas valoran la seguridad, por lo que eliminarla hace que muchas personas se den cuenta de su valor. Esto a menudo convierte un "no" inicial en un "sí".

Haz una oferta descendente de prestaciones a tus clientes actuales. Los clientes que utilizan todas las prestaciones por las que pagan siguen pagando durante más tiempo que los que no lo hacen. Por lo tanto, cuando veas que un cliente no utiliza una prestación, ofrécele un precio más bajo, pagando solo por las prestaciones que utiliza. Podría decirte que quiere conservarla ya que es posible que vuelva a utilizarla, o de lo contrario, estará contento de que le hayas ofrecido una *oferta mejor.* Requiere trabajo, pero es mejor que la cancelación del servicio. Dato curioso: los clientes a los que les hemos vendido un paquete más barato *solo para ellos* ocupan el segundo lugar dentro de mis clientes más valiosos. Cuando las personas tienen un producto que les gusta a un precio que consideran justo, siguen pagando.

Intercambio con reseñas, testimonios y referencias. El trueque es la forma más antigua de comercio. Mi piedra afilada por tu piel de conejo. Y me encanta el trueque. Si me plantean una objeción sobre el precio, a veces ofrezco descuentos a cambio de publicidad. Ejemplo*: "Te haré un descuento de 100 dólares si: 1) Dejas una reseña en todos los sitios web de reseñas. 2) Dejas un testimonio en video. 3) Publicas en redes sociales al principio, a mitad y al final de nuestro programa mostrando tu progreso. 4) Me presentas a dos amigos con los que te gustaría hacer esto. ¿Trato hecho?".* Para mí, la publicidad vale más que el descuento de 100 dólares. Para ellos, los 100 dólares valen menos que la publicidad. Todos ganamos.

Puntos clave

- La oferta descendente por prestaciones reduce los precios eliminando elementos.

- Quitas algo, bajas el precio y preguntas "¿qué te parece ahora?"

- Las ofertas descendentes por prestaciones suelen ofrecer menos cantidad, menor calidad, alternativas a menor precio o eliminar prestaciones por completo.

- La gente tiende a ver el valor de lo que has eliminado *después de ver la diferencia de precio*. Esto puede hacer que más personas acepten la oferta más cara.

- Si eliminas lo que no les gusta y bajas mucho el precio, más gente aceptará la oferta más barata.

- Si eliminas cosas que les gustan y bajas un poco el precio, más gente aceptará la oferta original.

- La primera oferta más barata les hace *reconsiderar mi primera oferta*. El resto de mis ofertas más baratas les hacen considerar *la mejor oferta para ellos*.

- Si un cliente potencial rechaza varias ofertas descendentes, comprueba si todavía quiere tu producto antes de continuar.

- Si a un cliente potencial le gusta una combinación de prestaciones, pero sigue sin gustarle el precio, empieza a ofrecerle una venta descendente con plan de pago. Es muy eficaz.

- Ofrece una venta descendente a los clientes actuales *antes de* que cancelen.

- Puedes ofrecer descuentos a los clientes a cambio de que promocionen tu negocio.

UN REGALO PARA TI: Capacitación sobre ofertas descendentes por prestaciones [sin necesidad de suscribirse]

Comprender las prestaciones de los servicios y productos te da una gran ventaja. Te puede ayudar a que tus productos sean muy rentables y sigan siendo atractivos para el cliente. Este es uno de mis temas favoritos y he preparado una capacitación adicional que lo trata. Puedes verla, como siempre, en acquisition.com/training/money. Aquí tienes el código QR para que puedas acceder a ella de forma rápida y sencilla.

ESCANÉAME

Conclusión de ofertas descendentes (downsell)

Todo el mundo compra algo.

Las ofertas descendentes te dan otra oportunidad de conseguir un cliente al convertir *los "no"* en *"sí"*. Por esa razón, no se trata tanto de tener cien productos diferentes con la misma oferta, sino más bien de <u>tener cien ofertas diferentes para el mismo producto</u>. Pero, pase lo que pase, la oferta *nunca* debes ser *lo mismo por menos dinero*. Simplemente seguimos ajustando la oferta hasta convertirla en *la mejor opción para ellos*. Ese dinero extra disparará nuestras ganancias de 30 días y nos permitirá superar nuestras metas.

Así que hemos utilizado ofertas de atracción para que los clientes *compren una vez*. Hemos utilizado ventas adicionales para que compren el siguiente producto. Y ahora te he mostrado mis tres procesos de venta descendente más potentes *en caso de que digan que no*: ventas descendentes con plan de pago, prueba con penalización y ventas descendentes por prestaciones.

A continuación, tenemos la etapa final de un *Modelo de dinero de $100M*: las ofertas de continuidad, es decir, *cómo conseguir que sigan comprando para siempre.*

SECCIÓN V:
OFERTAS DE CONTINUIDAD

*Puedes esquilar una oveja toda la vida, pero solo puedes despellejarla
una vez. - John, uno de mis primeros mentores*

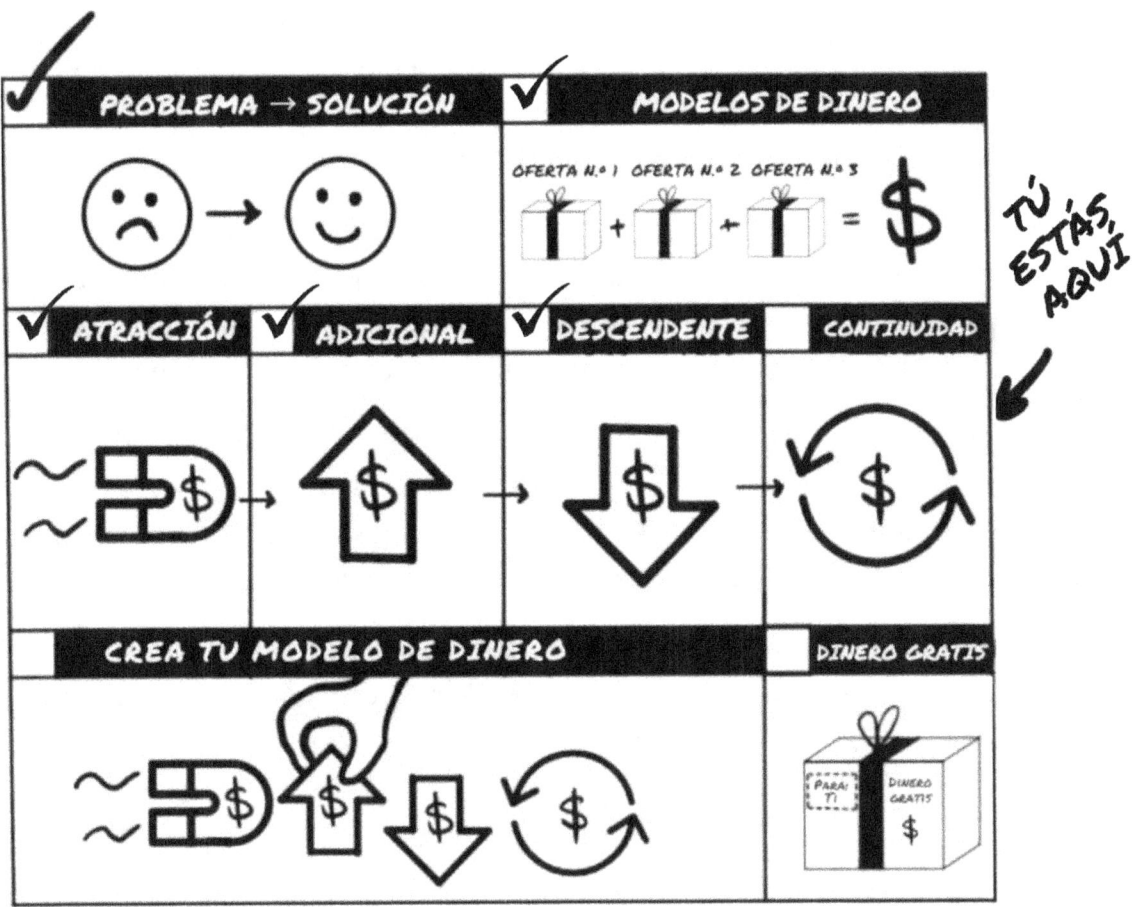

He sido un tipo constante toda mi vida: fitness personal, luego gimnasios, luego licencias para gimnasios, luego suplementos, luego software y ahora con Acquisition.com… muchas cosas. No hace falta decir que soy un apasionado. La razón principal: cuando haces bien la continuidad, consigues más clientes *y* ganas más dinero con ellos. Las ofertas de continuidad *proporcionan un valor constante por el que los clientes realizan pagos recurrentes, hasta que cancelan.* Incrementan las ganancias por cada cliente y te dan otra oportunidad de vender. Las ofertas de continuidad son increíbles porque vendes una vez, pero te pagan una y otra vez.

Déjame explicarte.

Supongamos que ofreces un artículo de $1.000 a 100 personas y 10 lo compran: ganas $10.000 (10 x $1.000).

Ahora, supongamos que hablas con las mismas 100 personas, pero que tu oferta de $1.000 pasa a ser de $50 al mes. A $50, podemos conseguir que 40 de las 100 personas compren. Y, si mantienes a esas personas durante veinte meses, *seguirás ganando $1.000 por cada cliente.* Pasas de ganar $10.000 ahora y $0 con el tiempo a ganar $2.000 ahora y $40.000 con el tiempo.

Como ventaja adicional, en el primer ejemplo, si solo vendiste a 10 clientes, solo tendrías 10 clientes a los que realizarles ventas adicionales más adelante. Si utilizaste una oferta de continuidad y vendiste a 40 clientes, tendrías cuatro veces más clientes a los que realizarles ventas adicionales más adelante. Una diferencia enorme.

Esto ilustra las ventajas y desventajas de la continuidad. Puedes atraer a más clientes en comparación con algo más caro, pero ganas *mucho* menos dinero *ahora*. Eso hace que sea difícil utilizarlo como oferta de atracción *por sí sola*. Incluso si tienes más potencial de ganar dinero mañana, las ofertas de atracción de continuidad te dejan sin dinero hoy.

Al hacer que las ofertas de continuidad *duren,* obtenemos lo mejor de ambos mundos. Obtenemos dinero en efectivo hoy gracias a las ofertas de atracción, las ofertas de venta adicional y las ofertas de venta descendente. Obtenemos un poco de dinero en efectivo hoy y mucho dinero en efectivo mañana gracias a las ofertas de continuidad.

Para que quede claro: puedes hacer ofertas de continuidad donde y como quieras. Pueden atraer a nuevos clientes, permiten realizar ventas adicionales y descendentes a los clientes actuales o volver a atraer a antiguos clientes.

Además, solo *algunas* cosas tienen sentido para una oferta de continuidad. No tiene sentido que alguien pague por un taller de un día... para siempre. Tiene sentido que paguen hasta cubrir el costo, y eso lo convierte en un plan de pago. Al mismo tiempo, probablemente cometas un error al ofrecer un precio único (incluso un precio elevado) para proporcionar un servicio para siempre. Si tus clientes obtienen un valor continuo, probablemente tenga sentido que realicen pagos continuos.

Las tres ofertas de continuidad

Todas las ofertas dependen de que los clientes compren. Sin embargo, las ofertas de continuidad dependen de que los clientes sigan comprando. Consigo que hagan ambas cosas combinando bonificaciones, descuentos y tarifas.

- Continuidad: ofertas de bonificaciones

- Continuidad: ofertas de descuento

- Oferta de exención de tarifas

Ahora que ya hemos cubierto esto, no puedes conseguir que los clientes se adhieran a tu oferta de continuidad a menos que hayan comenzado… así que empecemos por ahí.

UN REGALO PARA TI: Capacitación sobre continuidad y ofertas de continuidad

Casi todos los negocios que he creado se han basado en la continuidad. Es como una bola de nieve que crece y crece. He creado un video para ti en el que hablo más en profundidad sobre el tema. Puedes verlo gratis (sin tener que ingresar tu correo electrónico) en acquisition.com/training/money. O escanea el código QR.

Ofertas de bonificaciones por continuidad

Si te gusta esto, te encantará lo que tengo a continuación…

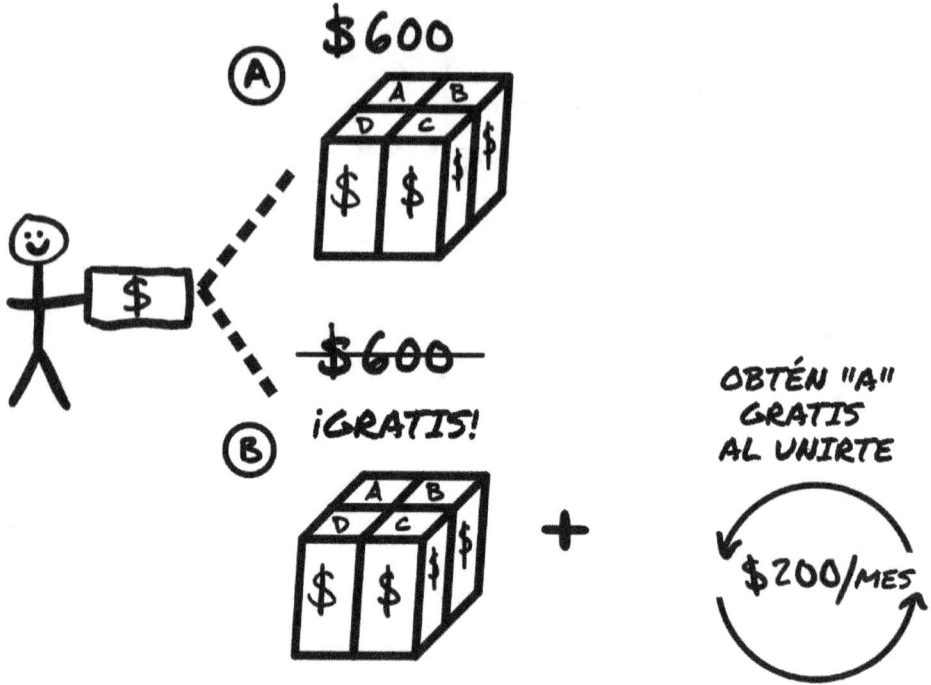

Otoño de 2019. Cuando descubrí que las bonificaciones lograban que más personas se unieran a programas de continuidad…

Enseñé a los propietarios de gimnasios cómo vender desafíos de seis semanas y estaban ganando dinero a montones. Pero algunos de ellos no eran tan buenos a la hora de convertir a la gente en clientes habituales después del desafío. Entonces, de repente… vi un gimnasio que solía tener malos resultados, y sin embargo, estaba logrando números *mucho más altos* que algunos de nuestros mejores gimnasios.

Naturalmente, investigué…

"Amigo, tus cifras son una locura. ¿Cómo logras captar a tantos socios?", le pregunté.

"En realidad no lo estoy haciendo con el desafío de seis semanas", dijo.

"Espera. ¿Qué quieres decir? Pero estás promocionando el desafío de seis semanas, ¿no?".

"Sí. Pero cuando vienen les ofrezco otra cosa".

"Vale… ayúdame a entenderlo".

"Bueno, seguimos con la presentación habitual. Explicamos el precio. Lo de siempre. Y en cuanto dicen que están interesados, les preguntamos si les gustaría obtenerlo gratis.

Por supuesto, dicen que sí. Entonces, les digo que si se hacen socios, se lo daremos gratis, lo que les encanta. Y encima, si se hacen socios, *también obtienen* las bonificaciones exclusivas para socios. Los socios tienen mejores horarios para las clases, cabina de bronceado, eventos VIP, todo tipo de cosas interesantes. Se convierte en un éxito. Por último, les ofrecemos una venta adicional de una membresía prepaga con descuento".

"¿Cómo funciona eso?", pregunté.

"Bueno, a la persona que se inscribe, le preguntamos inmediatamente: *"¿Quieres ahorrar aun más dinero?"*. Se interesa en el asunto. Entonces le ofrecemos una venta adicional con descuento y bonificaciones por seis meses de membresía prepaga".

"Esto es increíble. ¿Hay alguien que siga aceptando la oferta original del desafío?". "Algunos sí, claro. No me puedo quejar por recibir más dinero por adelantado".

"Lo entiendo. ¿Podrías desglosar algunas de tus cifras?"

"Antes, conseguíamos que treinta y cuatro de cada cien se inscribieran en el desafío. Luego, unas semanas más tarde, conseguíamos que la mitad (*diecisiete*) se quedaran. Ahora, solo conseguimos que unos quince se inscriban en el desafío, pero conseguimos que *cuarenta* se pasen directamente a la continuidad. Y de esos cuarenta, unos ocho aceptan la venta adicional de prepago de seis meses".

A ver si lo entiendo bien… ¿*Has triplicado* las ventas de suscripciones… *sigues* obteniendo dinero por adelantado de los desafíos… *y* acumulas aún más dinero por adelantado de las suscripciones prepagas?

Apenas podía contener su sonrisa. Y con razón. Su pequeño ajuste fue una idea genial.

Descripción

Con las bonificaciones por continuidad, ofreces al cliente algo increíble *si* se inscribe hoy. Por lo general, la bonificación en sí tiene más valor que el primer pago de continuidad. Eso es todo.

Bonificación: añadir valor. En el caso de los productos, puedes regalar muchas cosas pequeñas o un producto grande que complemente la suscripción. En el caso de los servicios, puedes regalar un programa definido, una incorporación, una configuración o una función que añada valor.

Descuento: reducir costos. Recuerda que todo lo que ofrezcas de forma gratuita también lo puedes ofrecer como descuento. Tanto los obsequios como los descuentos influyen en nuestra forma de tomar decisiones. Por lo tanto, queremos hacer *ambas cosas* para obtener los beneficios de ambas.

Cuando hago ofertas de continuidad, consigo que más gente *se apunte* si añado más cosas buenas (bonificaciones) y elimino las malas (descuentos). Y, por supuesto, todo funciona mejor con un toque de urgencia: si se apuntan *ahora*. Además, puedes ofrecer la bonificación como una compra independiente o hacer que *solo* esté disponible si compran tu oferta de continuidad. Cualquiera de las dos opciones funciona.

De manera individual, las ofertas de continuidad generan menos efectivo *ahora*, lo que dificulta obtener ganancias de los clientes. Pero tal y como yo las utilizo, aún podemos alcanzar nuestras metas de ganancias a 30 días. Así es como lo hago: primero, realizo todas mis ofertas de gran rentabilidad, como las de atracción, venta adicional y venta descendente. Luego, las ofertas de continuidad obtienen un poco de dinero en efectivo de los pagos del primer mes. Después, ofrezco a las personas que han comprado un mes un descuento por pagar por adelantado más meses. Esto aumenta aún más las ganancias a 30 días, lo que me proporciona más dinero para publicidad *y* acumula ingresos recurrentes. No está nada mal.

Nota del autor: Ninguno de los negocios de continuidad exitosos que he visto ofrece una membresía independiente. Todos cuentan con otros extras para aumentar las ventas. La razón principal es que las ofertas de continuidad son difíciles de publicitar de forma rentable. Nadie quiere comprometerse de forma recurrente con algo que no ha probado. Para compensar esto, los negocios atraen clientes con cosas como pruebas gratuitas o descuentos iniciales. Luego, una vez que las personas se unen, les venden otras funciones y opciones de prepago a largo plazo. Esto les proporciona el dinero que necesitan para publicitarse *mientras* generan ingresos recurrentes.

Ejemplos de cómo conseguir que la gente contrate un servicio de continuidad

Producto físico: oferta de continuidad de comida para mascotas

Bonificación única: Obtén gratis todos los juguetes para perros que hemos fabricado, por un valor de 800 dólares, al suscribirte al envío mensual de comida para perros por 59 dólares al mes.

Bonificaciones mensuales: como miembro, recibirás un juguete nuevo para tu perro cada mes.

Servicio: Oferta aceleradora de resultados a corto plazo

Bonificación única: "La aceleración a corto plazo" cuesta $1.000 por sí sola. Consíguela gratis al hacerte miembro por $100 al mes.

Paquete de bonificaciones: Los miembros VIP disfrutarán de acceso prioritario a nuestros eventos, más horas de asistencia, mejores representantes de asistencia, etc.

Oferta de productos digitales

Bonificación única: Obtén mis 40 boletines informativos anteriores, valorados en $15.880, haciéndote miembro hoy por solo $399 al mes después de una prueba gratuita de 30 días.

Descuento de por vida + Bonificaciones de por vida: si pagas hoy, puedes asegurarte un descuento de por vida de $299 al mes. Obtendrás acceso digital anticipado y una copia física cada mes.

Nota: Utiliza los elementos del capítulo "Oferta descendente de prestaciones" para crear mejores bonificaciones.

Notas importantes

Céntrate en la bonificación, no en la suscripción. "Únete a mi programa de suscripción" no es tan atractivo como "consigue esto gratis". Así que anuncia eso. Luego, explica el resto cuando muestren interés.

Las bonificaciones funcionan de forma similar a las ventas adicionales.

Más de lo mismo: al hacerte miembro, obtienes dos años de boletines informativos anteriores de forma gratuita.

Complementario: obtienes servicios de nutrición gratuitos al inscribirte en nuestra membresía de fitness.

Mejora: Obtienes una membresía de oro gratuita al comprar una membresía de plata (disponibilidad limitada).

Mantén tus bonificaciones relacionadas con tu oferta principal. Si la bonificación es demasiado diferente, *atraerás a los clientes equivocados.* Por ejemplo, no anuncies una camiseta gratis para vender servicios tecnológicos. Sin embargo, anunciar una camiseta gratis para vender impresión de camisetas tiene sentido.

Convierte en bonificaciones cosas que ya tienes y haces. Por ejemplo, los boletines informativos de los dos últimos años no te han supuesto ningún tiempo adicional, pero tienen un valor muy alto. Y la incorporación es algo que tienes que hacer con el cliente de todos modos, así que podrías ponerle un precio y ofrecérselo como bonificación. Si tú lo valoras, ellos también lo harán.

Bonificaciones físicas en productos digitales y bonificaciones digitales con productos físicos. Si tienes una suscripción digital, podrías ofrecer una gorra, una camiseta o una herramienta, etc., relacionada con la oferta. Si tienes un producto o servicio físico, como una suscripción a un gimnasio de boxeo, ofrecer clases en directo por streaming puede atraer a más gente a inscribirse. Esta estrategia suele reducir el costo de conseguir un cliente, ya que habitualmente será más caro que el costo de la bonificación. Y esa es la clave. Además, si algunas personas aceptan la bonificación y se van, los menores costos publicitarios pueden compensarlo. Si conseguir clientes es demasiado caro para ti, pruébalo.

Utiliza precios realistas en tus bonificaciones. Cuanto mayor sea el valor de referencia de tu bonificación, más atractiva será la oferta. Pero también debes hacer que ese valor de referencia sea creíble. Algunos empresarios inventan valores ridículos. No lo hagas. No atraerá al cliente y perderás su confianza. Esta es una gran oportunidad para regalar productos que has vendido anteriormente. Puedes utilizar sus precios reales como descuentos y bonificaciones *reales*.

Puedes recompensar a tus clientes otorgándoles títulos. Considera la posibilidad de otorgar títulos a los clientes después de que hayan permanecido tres, seis o doce meses y más. Títulos como plata, oro, diamante, doble diamante, etc. Una buena amiga mía hace esto y, al cabo de un tiempo, descubrió que sus clientes se preocupaban más por el título que por cualquier otra recompensa. Me contó que incluso se presentaban por su título. Así que, si no se te ocurre nada que ofrecerles, al menos puedes llamarlos de una forma especial.

Puedes ofrecer bonificaciones gratuitas en forma de descuentos y descuentos en forma de bonificaciones gratuitas.
Bonificación gratuita: ¡Hazte miembro por $200 y obtendrás este programa de $1.000 como bonificación gratuita!
Gran descuento: Consigue el programa de $1.000 por $1 si te inscribes como miembro por $200.

Cuando hagas tu oferta de continuidad, destaca las bonificaciones. Primero, véndeles las ventajas de la increíble bonificación. No tu oferta de continuidad, sino la bonificación. Luego, utiliza tu bonificación de alto valor como ancla. Es posible que se sorprendan, y eso *está bien.* Porque entonces les preguntas: "¿Quieres saber cómo puedes conseguir esto gratis?". Si te responden que sí, explícales cómo: *"Hazte miembro VIP hoy mismo y lo obtendrás todo como regalo por unirte. O bien, puedes comprarlo por XXX dólares, ¿qué prefieres?".*

Más bonificaciones atraen a más gente. Después de preguntarles si quieren saber cómo conseguirlo gratis, diles que pueden obtenerlo si se unen. A continuación, di: *"Además,* cuando te hagas miembro, obtendrás… cosa increíble 1, cosa increíble 2, cosa increíble 3". *Menciona el valor individual en dólares de cada una para reforzar su valor.* Acumular bonificaciones de esta manera hará que aún más personas se unan a tu oferta de continuidad.

Ofrece bonificaciones solo a quienes se inscriban. Si deseas que todos se unan a tu oferta de continuidad, ofrece la continuidad como única opción. En otras palabras, haz que las bonificaciones *solo estén disponibles* si se inscriben en la membresía.

Precios por continuidad vs. pago inicial en efectivo. Por alguna razón, algunas personas prefieren los pagos únicos a la *continuidad, incluso si los pagos únicos son más elevados.* Por lo tanto, ofrece una opción de pago único más elevada. De esta forma, algunos clientes te reportarán más beneficios *hoy,* mientras que otros acumularán ingresos recurrentes para *el futuro.* Cambiamos el precio en función de nuestras metas. He probado esto muchas veces y, al menos para mí, los datos muestran claramente qué funciona cada vez mejor. Compruébalo tú mismo:

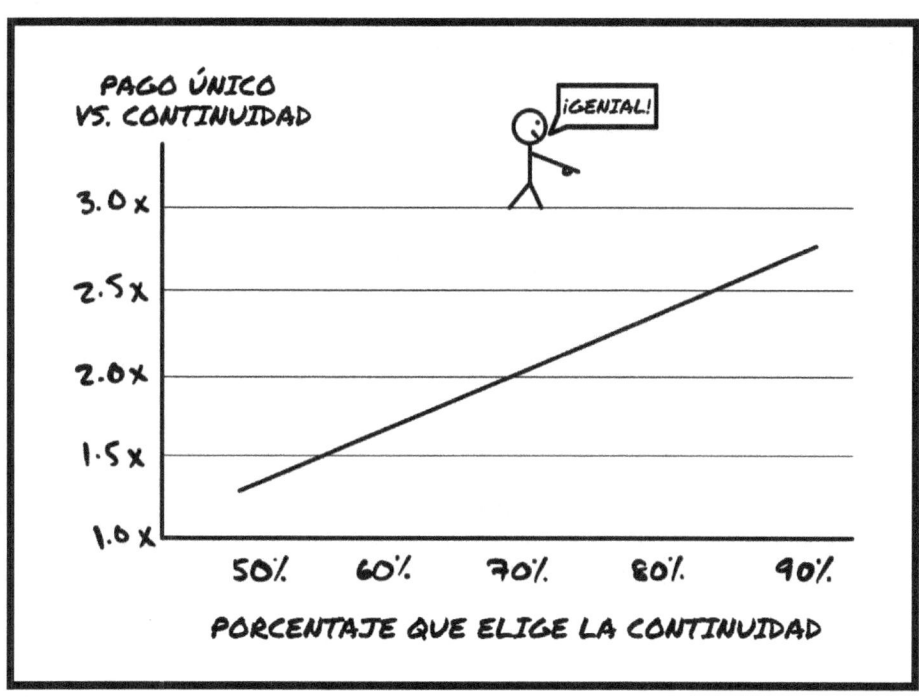

Para que el 50 % elija la continuidad, haz que la oferta de pago único sea 1,33 veces más cara.

Ejemplo: $399 por pago único ($266 /mes) o $199/mes de suscripción

Para que el 60 % elija la continuidad, haz que la oferta de pago único sea 1,66 veces más cara.

Ejemplo: $499 por pago único ($333/mes) o $199/mes de suscripción

Para que el 70 % elija la continuidad, haz que la oferta de pago único sea 2 veces más cara.

Ejemplo: $599 por pago único ($399/mes) o $199/mes de suscripción.

Para que el 80 % elija la continuidad, haz que la oferta de pago único sea 2,33 veces más cara.

Ejemplo: $699 por pago único ($466/mes) o $199/mes de suscripción.

Para que el 90 % elija la continuidad, haz que la oferta de pago único sea 2,66 veces más cara.

Ejemplo: $799 por pago único ($532 al mes) o $199 al mes por la suscripción.

Las cifras exactas importan menos que el principio. *Cuanto menor sea el precio de la oferta de pago único en comparación con el precio de continuidad, más gente comprará la oferta de pago único. Cuanto mayor sea el precio de la oferta de pago único en comparación con el precio de continuidad, más gente elegirá la continuidad.*

Si deseas obtener más dinero por adelantado. Haz que las bonificaciones y la continuidad + bonificaciones sean ofertas *separadas*. Haz que la oferta solo con bonos sea un pago único que sea entre 1,33 y 2,66 veces más caro que el primer mes de la oferta de continuidad + bonos. Cuanto mayor sea la diferencia de precio, menos compras de pago único tendrás. Pero, más dinero ganarás por adelantado con cada una. Según los datos que acabo de compartir, la gente paga un 33% más para *evitar* la continuidad. En otras palabras, incluso si cobras un 33% más por un pago único, ¡la mitad la comprará!

Si quieres aún más dinero, ofrece descuentos por compras anticipadas al por mayor. Las ventas adicionales por continuidad al por mayor aumentan considerablemente los beneficios en 30 días. Supongamos que ofreces "compra cinco meses y obtén uno gratis". ¡Solo *una de cada ocho personas* tiene que aceptar la venta adicional para aumentar las ganancias de 30 días en un 50 %! Eso puede marcar la diferencia en tu modelo de ingresos. <u>Nota</u>: se aplican las leyes de los descuentos: cuanto mayor sea el descuento, más personas lo aceptarán.

Si quieres compromisos, prepárate para hacer intercambios. Si quieres compromisos, cámbialos por bonificaciones. Por ejemplo, solo permite que los clientes obtengan la bonificación si se comprometen a 3, 6, 12 o más meses. Cuando solo entregas esa bonificación a los clientes que se comprometen, perderás a las personas que se habrían inscrito mes a mes solo para obtener la bonificación. Esto genera menos ventas, pero más clientes comprometidos. Es un intercambio que vale la pena.

Puntos clave

A fin de cuentas, ofrecer descuentos reales y luego añadir valiosas bonificaciones gratuitas *hace que las personas se entusiasmen* con tu oferta. Luego, si aceptan tu oferta de continuidad, puedes venderles más bloques de tiempo para aumentar aún más tus ganancias en 30 días.

- Con los bonos de continuidad, ofreces al cliente algo increíble *si* se inscribe hoy. Por lo general, el bono en sí tiene más valor que el primer pago de continuidad.

- Si utilizas la continuidad como oferta de atracción, anuncia lo que regalas, *no* lo que vendes.

- Haz que tu bonificación esté relacionada con tu oferta principal para atraer a los clientes potenciales adecuados.

- Si es posible, haz que tus bonificaciones sean cosas que ya tienes y haces. De esta manera, no necesitarás cambiar tu negocio ni crear nuevos productos.

- Más personas se sumarán a la continuidad si añades más bonificaciones y descuentos.

- Para añadir bonificaciones, añade más cosas interesantes *solo* si se registran.

- Para ofrecer descuentos, resta el costo de los productos, servicios y funciones reales que ya vendes.

- Vende el valor de la bonificación antes de decirles cómo pueden obtenerla gratis.

- Ofrece bonificaciones como una opción independiente para obtener más dinero por adelantado.

- Si quieres que la mitad de las personas acepten la oferta de un solo pago, ponle un precio un 33 % superior al de tu oferta continua.

- Aumenta aún más el dinero por adelantado ofreciendo continuidad con descuento si compran al por mayor.

UN REGALO PARA TI: Capacitación en ofertas de bonificaciones de continuidad

Hay muchas formas increíbles de estructurar las bonificaciones para impulsar más ventas de continuidad. He creado un video para ti que cubre este capítulo y otras formas creativas en las que las he visto utilizar. Puedes verlo gratis en acquisition.com/training/money. Escanea el código QR para acceder de forma rápida y sencilla.

ESCANÉAME

Ofertas de descuento por continuidad

Si te registras hoy, obtienes X tiempo gratis.

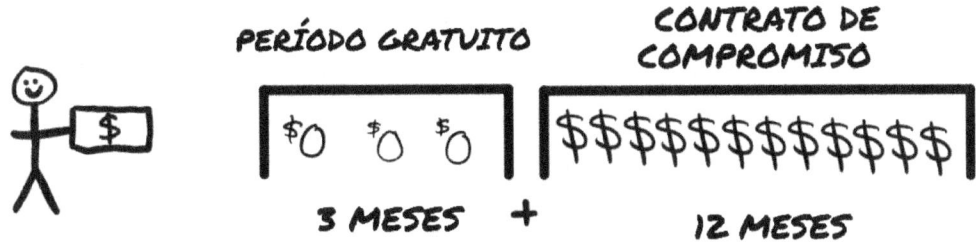

Primavera de 2018.

Leila y yo acabábamos de mudarnos a uno de los mejores barrios residenciales de Austin. Durante nuestro paseo vespertino, una vecina nos sonrió y nos hizo señas para que nos acercáramos. Parecía que quería entablar una conversación trivial para darnos la bienvenida al barrio. *Odio las conversaciones triviales.* Pero a medida que me acercaba, me interesé más. Su jardín era perfecto. Un Ferrari sobresalía de su garaje para la "limpieza de primavera". La mesa del patio estaba llena de cigarrillos y latas de cerveza. *¿Qué?*

"Hola, bienvenidos al barrio… voy a buscar a mi marido". Sonreí apretando los dientes. *Allá vamos.* Apareció el personaje: con una gorra puesta al revés, chancletas, un marcado acento del medio oeste, hablando a mil por hora y con la sonrisa más amplia que jamás hayas visto.

"¡Hola, hermano! Encantado de conocerte. Se nota que no eres médico ni abogado, siendo tan joven. ¿A qué te dedicas?". También fue directo al grano. *Qué alivio.*

Le hablé un poco sobre mis gimnasios, la puesta en marcha de gimnasios y el auge de Gym Launch. Él asintió con la cabeza en señal de aprobación. Dijo que le gustaba tener a otro empresario en la calle.

"¿Y tú?", le pregunté.

Él sonrió. *"Basura".*

"¿Qué?".

"Basura".

Vio mi mirada de confusión y continuó.

"Bueno, verás, yo sabía por mi experiencia trabajando con la basura que no había mucha competencia. Los grandes comercios y los demás acudían todos al mismo sitio para tirar su basura".

"¿Y qué hiciste?".

"Bueno, tenía un camión, tomé mi tarjeta de crédito y me arriesgué", continuó. "Fui a todos los grandes apartamentos y les dije que les recogería la basura durante todo un año gratis si me contrataban para los siguientes cinco años pagando. Funcionó bastante bien. Antes de darme cuenta, todos me habían convertido en su recolector de basura".

"Vaya", dije. "¿Pusiste de tu bolsillo un año entero?"

"Sí. Y te diré una cosa, *fue lo más difícil que he hecho en mi vida*. Nadie quería invertir en mi negocio, ni siquiera mi familia. Todos me decían que estaba loco. Pero cuando pasó ese primer año, el dinero empezó a llover. Entonces gané *mucho dinero*. Y después de unos años siguiendo ese plan, vendí todo el negocio por una buena suma".

"Genial, tío. Nunca hubiera pensado que se podía ganar tanto dinero con la basura".

"Hay dinero en la basura, amigo, qué le voy a hacer. Oh, por cierto… ¿quieres una cerveza o qué?".

No hace falta decir que nos hicimos amigos y seguimos siendo amigos hasta el día de hoy.

***

Escuchar su historia de éxito me mostró el enorme poder de una simple oferta bien hecha. Dicho esto, repasemos algunas cosas importantes para que puedas hacer que funcione como él lo hizo.

Además, si crees que esto se parece a "Compra X y llévate Y gratis" al estilo de la continuidad, estás en lo cierto. Sin embargo, hay suficientes diferencias específicas de la continuidad como para justificar un capítulo aparte.

Descripción

Para ofrecer un descuento único por continuidad, regalas productos o servicios si el cliente se compromete a comprar más productos y servicios *a lo largo del tiempo*. Esto puede atraer a muchos clientes potenciales y facilita una venta que cualquiera puede cerrar.

Si miras a tu alrededor, verás esta oferta en muchos sectores diferentes. Funciona. Piensa en Internet, limpieza de piscinas, cuotas de gimnasio, jardinería y cualquier cosa que pueda tener continuidad. Menciono los más comunes, pero puedes hacer que esto funcione en cualquier negocio siempre que sepas dos cosas. Primero, cómo aplicarás el descuento; yo lo hago de cuatro maneras. Y segundo, tu política de cancelación, porque la gente no siempre cumple sus compromisos.

Ejemplos

Yo aplico descuentos de <u>cuatro</u> maneras: por adelantado, al final, de forma uniforme o después del primer mes o los dos primeros meses.

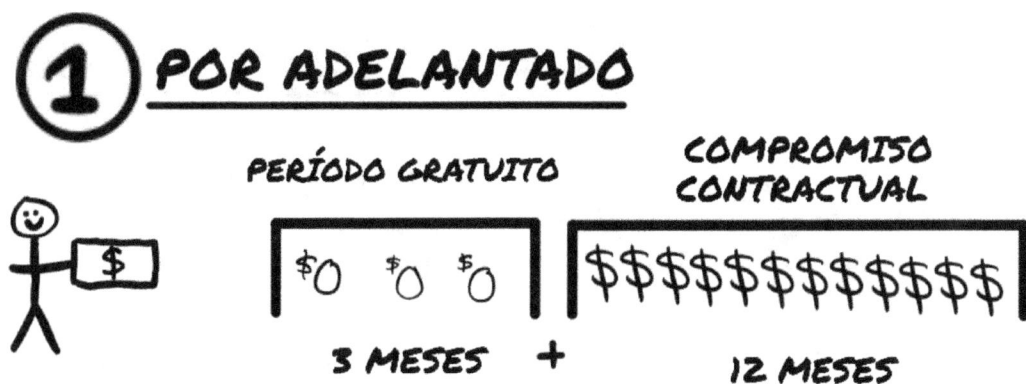

<u>Por adelantado</u>. Aplicas el descuento por adelantado y amplías el plazo. Es decir, el plazo "oficial" comienza una vez finalizado el período gratuito. Esto funciona mejor en sectores con un historial satisfactorio en el cumplimiento de los contratos (teléfonos móviles, almacenamiento, inmobiliario, equipamiento o cualquier otro sector con garantías). Dos notas: En primer lugar, si tienes una alta tasa de abandono, omite esta opción y considera las demás. En segundo lugar, si esto <u>no</u> te reporta beneficios, te consigue clientes, pero retrasa el cobro, omítelo. Así que, si quieres opciones más rentables, sigue adelante.

Al final. Puedes aplicar el descuento completo al final y ampliar el plazo. Siempre que realicen todos los pagos *a tiempo*, obtendrán un tiempo extra equivalente al valor del descuento. Se *ganan* un tiempo gratis.

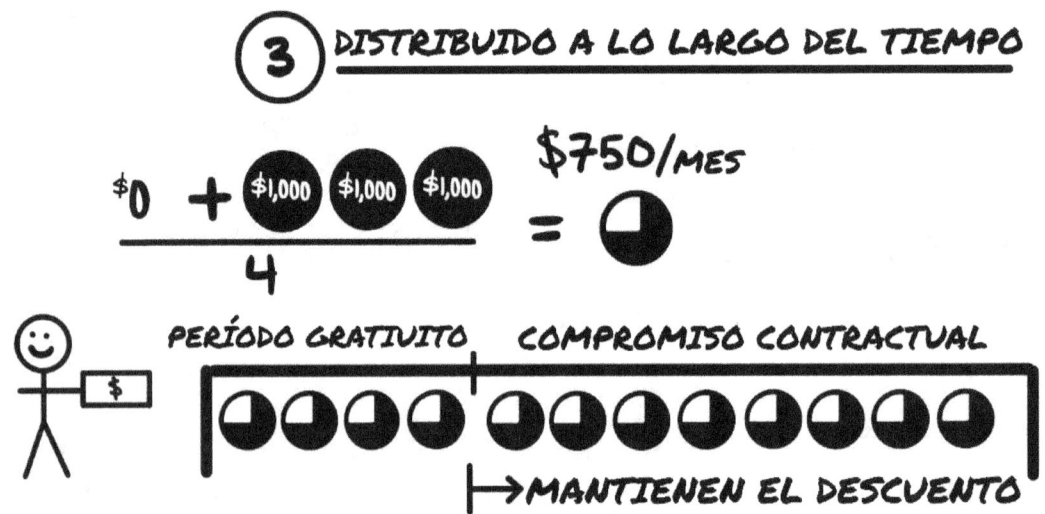

Distribuido a lo largo del tiempo. Aplica el descuento a lo largo del plazo. Supongamos que ofreces tres meses gratis por un compromiso de un año. A $200 al mes, has descontado $600. Al distribuir esos $600 durante 12 meses, obtienen un descuento de $600/12 meses = $50 *cada mes*. También puedes decirles que, si realizan todos los pagos a tiempo, podrán mantener el descuento de por vida una vez finalizado el plazo.

Después de los primeros 1 o 2 pagos. Pagan unas cuantas veces y luego obtienen su descuento único. De esta manera, recaudas un poco de dinero para cubrir los gastos de publicidad y algunos gastos de envío. Prefiero hacerlo presentando la oferta como *"primer y último* mes", *"último mes por adelantado"* o añadiendo algún tipo de *cuota de activación* antes de obtener el valor de la bonificación. Esto también garantiza que el cliente utilice un método de pago válido, un detalle pequeño pero importante cuando se dirige un negocio.

Notas importantes

Nota sobre el mayor valor en palabras en este libro Omite esta parte si no te gusta el dinero. Cobra *semanalmente* (cada semana, cada dos semanas, cada cuatro semanas, cada doce semanas, etc.). He aquí el motivo. Hay 12 meses en un año, pero el año tiene 13 ciclos de cuatro semanas. *Eso supone una diferencia del 8,3 %.* Si ofrezco mi producto a "$100 cada cuatro semanas" (en lugar de $100 al mes), lo comprará el mismo número de personas. Sin embargo, ganaré un 8,3 % más al año. Para poner esto en perspectiva, si tu negocio tiene un margen del 20%, este dispara las ganancias anuales en un 41%. Y lo mejor es que no tienes que hacer ningún trabajo adicional. Solo cambiar unas pocas palabras. ¿Qué otra cosa puedes hacer legalmente que te reporte tanto dinero por tan poco trabajo? Esto me ha reportado literalmente *millones en ganancias netas.* Así que sí, ¡hazlo!

No consumas el plazo con descuentos, ¡extiéndelo! Supongamos que ofreces tres meses gratis al contratar un año. Eso podría significar que pagan nueve meses y obtienen tres gratis (12 meses en total). O bien, podría significar que pagan 12 meses y obtienen tres gratis (15 meses en total). <u>Yo prefiero empezar ampliando el plazo. Luego, puedo ofrecer una venta adicional con descuento por un plazo más corto.</u>

Consigue un 3 % más de ingresos por cinco palabras adicionales. "Sí, son X dólares *más un 3 % de comisión por procesamiento*". En toda mi vida, nunca he visto a nadie dejar de comprar por una comisión de procesamiento. Pero un 3% añadido a tus ingresos *sin ningún trabajo adicional* se traduce directamente en un aumento de tus ganancias. Si tienes un negocio con un margen de ganancia del 10% y añades un 3%, acabas de aumentar tus ganancias en un 30%. Vale la pena. Y esto funciona especialmente bien cuando se combina con…

Obtén dos formas de pago. Los negocios recurrentes pierden grandes cantidades de dinero debido a problemas en el procesamiento de pagos. En primer lugar, los clientes no cancelan, pero su información de pago cambia o caduca. En segundo lugar, los clientes agotan el límite de sus tarjetas o no tienen fondos suficientes. Resolveremos ambos problemas con la misma solución. Les pregunto si quieren un descuento del 3% (una tarifa de procesamiento bastante estándar). "*¿Quieres ahorrarte la tarifa de procesamiento?… Genial. Danos una segunda forma de pago por si tenemos algún inconveniente con la primera*". Si te preguntan por qué, lo cual rara vez ocurre, solo di: "*Solo cobramos la comisión por procesamiento porque nos cuesta horas de trabajo obtener cada mes la nueva información de pago de nuestros clientes. Así que, si nos ahorras tiempo, te trasladamos el ahorro a ti*".

Consigue ACH si puedes. Si consigues una segunda forma de pago, intenta conseguir ACH. Se trata de una forma de pago que se vincula directamente a tu cuenta bancaria. Es la forma más barata de realizar transacciones, aparte del efectivo. Si no sabes qué es ACH, investígalo.

Tarjetas de regalo. Entrega la bonificación gratis en forma de una tarjeta de regalo física. Puedes enviarla por correo si se encuentran fuera de la zona. El cliente puede aplicar el descuento cuando quiera *después de los tres primeros pagos aproximadamente*. Luego puedes decirles que también pueden regalársela a un amigo si quieren. ¡Y ahora ya tienes un imán para atraer clientes potenciales! Más allá de eso, mucha gente simplemente se olvida de usarla. En ese caso, acabas de conseguir una suscripción a precio completo. ¡Genial!

Prueba el descuento de por vida en el punto de cancelación más habitual **en tu negocio.** Anuncia el descuento de por vida, pero haz que los clientes *se* lo *ganen*. Obtendrán una tarifa más baja *si* permanecen más allá del período X. Establece X como el mes en el que tu cliente promedio suele abandonar el servicio.

Supongamos que sabes que cada cliente permanece un promedio de cuatro meses. Les dirías a todos <u>por adelantado</u> que obtendrán un descuento de por vida después del cuarto mes. A medida que se acerque el momento, diles que su nueva tarifa más baja está a la vuelta de la esquina.

Ejemplo real: vi una empresa de arroz que vendía (mucho) arroz. Ofrecían tres opciones de precios: 1) un precio único; 2) un 5% de descuento por suscripción; 3) un 15% de descuento *si mantenías la suscripción durante cinco meses consecutivos* y luego, te ganabas la tarifa más baja de por vida. Estoy seguro de que calcularon que era justo por encima del punto en el que la mayoría de la gente cancelaba.

CANCELACIONES

Debes tener una política de cancelación definida de antemano. Hay muchas políticas comunes. Aviso con 30 o 60 días de antelación, gastos de cancelación, cancelación en cualquier momento. Etc. Dado que todos se acogen a algún tipo de descuento en mis ofertas de continuidad, esta es mi favorita:

Simplemente haz que la tarifa de cancelación *sea igual al descuento que acordaron obtener*. Así, si obtuvieron $600 en descuentos al comprometerse, pueden pagar $600 cuando quieran cancelar. Es fácil de explicar.

Asegúrate de que los clientes sepan cómo cancelar. Si los clientes no tienen dónde quejarse dentro de tu negocio, sin duda se quejarán *fuera* de él. Si no les ofreces una forma clara de cancelar, más gente desaparecerá *y luego* se quejará. Si les proporcionas una forma clara de ponerse en contacto contigo, tendrás una oportunidad real de salvar la situación. *Las pequeñas empresas no se hacen ricas poniendo las cosas difíciles a sus clientes.* Si tú se lo pones fácil, recibirás menos valoraciones de 1 estrella y tendrás la oportunidad de recuperarlos cuando lo hagan, porque tú lo sabrás.

Si un cliente quiere cancelar, pídeles que concreten una entrevista de salida. A algunas personas les gusta desahogarse. Déjalos. Enfádate más que ellos por el problema. Es posible que intenten calmarte. A veces, ¡se rescatan solos! Si se quejan de algo que puedes resolver, entonces, por Dios, resuélvelo. Y si querían un producto mejor, haz una venta cruzada a un nivel de servicio superior, si tienes alguno que ofrecer. He tenido a muchas personas que compraron una oferta de menor costo y luego se quejaron porque querían las prestaciones de mayor costo. Así que les ofrezco prestaciones de mayor costo y las compran. Sí. Sucede. Y sí, funciona.

Utiliza las tarifas de cancelación en beneficio del cliente. Podrías decir: "Te eximiré del pago de la tarifa de cancelación si vienes y me dices qué podría mejorar". Esto les da a los clientes una razón *real* para brindarte retroalimentación. Luego, puedo utilizar sus comentarios para solucionar el problema u ofrecerles algo más adecuado para ellos. Como mínimo, tendrán cosas más agradables que decir sobre el negocio si realmente intento resolver su problema. Normalmente consigo retener a un tercio de los clientes que aceptan participar en entrevistas de cancelación.

Puntos clave

- Las ofertas de descuento por continuidad ofrecen tiempo de continuidad gratuito *si* el cliente se inscribe hoy.

- Los descuentos por adelantado convierten a más prospectos en clientes, pero pueden tener una mayor tasa de abandono.

- Los descuentos diferidos convierten a menos clientes, pero reducen la tasa de abandono.

- Distribuir el descuento mantiene el flujo de caja y, al mismo tiempo, ofrece el descuento completo.

- Utiliza tarjetas de regalo para ofrecer el descuento a los nuevos clientes y permitirles regalárselo a un amigo o utilizarlo ellos mismos más adelante. ¡Obtienes una suscripción a precio completo y una recomendación!

- Permite a los clientes obtener un descuento de por vida *en el mes de mayor deserción* para animarlos a permanecer con una tarifa más baja de por vida.

- Las condiciones de cancelación flexibles hacen que más personas se suscriban, pero también que más personas se den de baja. Las condiciones más estrictas hacen que haya menos suscripciones, pero también menos bajas. Prefiero que los clientes cancelen pagando el descuento que obtuvieron por su compromiso. Esto los devuelve a la tarifa mensual.

- Asegúrate de que los clientes sepan cómo cancelar.

- Si un cliente quiere cancelar, pídele una entrevista de salida. Incentívalo diciéndole que, si lo hace, le eximirás del pago de la tasa de cancelación. A menudo, podrás retenerlo o venderle un producto superior gracias a la conversación. Como mínimo, comprenderás qué ha fallado para poder mejorar.

UN REGALO PARA TI: Capacitación con ofertas de descuentos por continuidad.

Al igual que las bonificaciones, los descuentos solo están limitados por tu creatividad. En este capítulo te he proporcionado los elementos básicos. También he creado un video en el que se muestran algunas de las formas más creativas que he visto. Como de costumbre, puedes verlo gratis en acquisition.com/training/money. O bien, escanea el código QR. ¡Disfrútalo!

Oferta de exención de tarifa

*Puedes pagar mes a mes con una elevada tarifa de inscripción,
o te eximiré la tarifa si te comprometes por un año.*

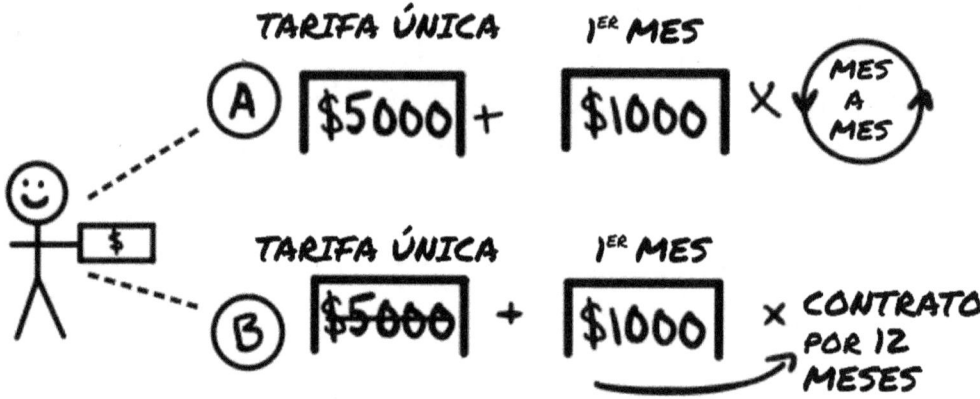

Enero de 2021.

Durante años, escuché historias sobre un hombre que era una leyenda de las ventas *premium.* Un día, finalmente pude conocerlo. Pero entonces, la cosa se puso rara. Uno pensaría que un hombre con una reputación como la suya también amaría trabajar, pero no era así. De hecho, sus opiniones sobre el trabajo *eran* casi *opuestas* a las mías: su objetivo era *trabajar lo menos posible.* Y esos tipos que se preocupan por el "estilo de vida" suelen incomodarme. Pero él tenía su reputación legendaria por una razón. Así que eso me hizo interesarme aún más…

"Prefiero ganar unos cuantos millones al año sin empleados y con clientes interesantes que crear un negocio gigantesco que complazca a cualquiera que esté dispuesto a darme dinero", dijo. "No necesito alimentar mi ego, solo cobro los pagos mensuales y me relajo".

Sí, claro. "¿Pagos mensuales? Eso suena menos relajado que los pagos por adelantado. ¿No tienes que lidiar con rotación de clientes, cancelaciones y todas las demás molestias de la continuidad?", pregunté.

"No, en realidad no. Mi forma de vender es tan sencilla que te golpearás la cabeza cuando la escuches", dijo.

"Soy todo oídos".

"Les digo a los clientes que tienen dos opciones: *"Pueden pagar mes a mes con una elevada tarifa de inscripción. Esta cubre el costo de la puesta en marcha, pero pueden darse de baja cuando quieran. O, si se comprometen a pagar un año, les eximiré del pago de la tarifa".*

Y pongo una tarifa muy elevada, para que los compradores se comprometan a evitarla. También les pido que firmen un contrato en el que entienden que pueden darse de baja antes de tiempo si pagan la tarifa que les he eximido".

"¿Por qué una tarifa tan elevada?", pregunté.

"Al principio, abandonar cuesta mucho, así que eso les mantiene comprometidos y…"

Intervine: "Y una vez que superan ese punto, cuesta lo mismo cancelar que seguir adelante. Así que simplemente siguen adelante".

"Exacto".

Descripción

Las ofertas de exención de tarifas funcionan así. En primer lugar, se le pide al cliente que pague una tarifa inicial como parte de la inscripción en un programa mensual. Por lo general, yo la cobro entre 3 y 5 veces del valor de mi cuota mensual. Luego, se le ofrece el descuento del *importe total* de la tarifa *si* se comprometen a permanecer más tiempo. Sin embargo, si cancelan antes de finalizado ese plazo, deberán pagar la tarifa.

Los clientes pueden optar por pagar una tarifa considerable y conservar la opción de darse de baja en cualquier momento, o pueden comprometerse a permanecer durante 12 meses y obtener la exención de la tarifa. Muchos se comprometerán para evitar el pago de esa elevada tarifa.

Asumimos un mayor riesgo si pagan mes a mes. Pero *ellos* asumen un mayor riesgo si se comprometen. Si un cliente elige la opción mes a mes, reducimos nuestro riesgo con la tarifa de inscripción. Sin embargo, reducimos *su* riesgo año tras año al eximirle de esa tarifa. Y si se comprometen y quieren darse de baja antes de tiempo, no hay problema. Pagan *como si* hubieran elegido la opción "mes a mes" desde el principio. Así de sencillo.

Conclusión: los clientes se quedarán más tiempo si marcharse les cuesta más que quedarse.

Ejemplo

Dado que la oferta se centra más en el precio, parece igual en todos los negocios de continuidad.

El siguiente ejemplo se basa en la historia para ofrecerte una visión más detallada del funcionamiento.

Exención de tarifa con compromiso.

1) Duración del compromiso: 12 meses

2) Cuota mensual: $1.000 al mes

3) Tarifa inicial: $5.000 *si se paga mes a mes.*

Opción A: Pagas una tarifa única de $5.000 *más* la cuota de $1.000 por el primer mes. Luego, pagas $1.000 al mes a partir del mes siguiente. Puedes cancelar cuando quieras.

Opción B: No pagas los $5.000 si te comprometes a permanecer 12 meses. Pagas $1.000 al mes. Solo tendrás que pagar los $5.000 si rompes tu compromiso antes de tiempo.

Notas importantes

Las tarifas te ayudan a empezar. Las personas obtienen valor al comprometerse *de inmediato* para evitar pagar una tarifa. Las personas quieren evitar las elevadas tarifas de inicio. Por lo tanto, más personas se inscriben en la continuidad. Misión cumplida.

Las tarifas hacen que se queden. Las personas se quedan por la misma razón por la que empezaron. Al quedarse, *evitan el pago de la tarifa.* Las personas renuncian por millones de razones. Sin embargo, al tener que pagar una cuota adicional y más elevada *para* poder cancelar, su razón original para renunciar se reduce inmediatamente en comparación con el valor de evitar la tarifa. En otras palabras, si el costo de renunciar supera el costo de quedarse, probablemente se quedarán.

Presentación de la tarifa. Justifica la tarifa explicando los costos que supone la incorporación de nuevos clientes en programas a largo plazo. Básicamente, si quieren flexibilidad a corto plazo, *pagan sus propios costos de incorporación.* Pero, si se comprometen a quedarse a largo plazo, *nosotros pagamos sus costos de incorporación.* Si alguien pide más explicaciones, simplemente di: *"Nos cuesta dinero incorporarte en el programa. Si solo quieres probarnos, tú cubres esos costos. Si te comprometes a quedarte más tiempo, yo los cubriré".*

Si más del 5 % de las personas quieren cancelar antes de tiempo, investiga el motivo. Los precios *incentivan* la fidelidad, pero no pueden (ni *deben*) compensar un producto o servicio deficiente. Es mejor darles un empujoncito que obligarlos a pagar por algo que no les gusta. Si lo hacen, acabarán odiándote.

Si deseas obtener más dinero por adelantado, establece una tarifa de inicio más baja. Una tarifa más baja anima a la gente a pagar mes a mes. Una tarifa más alta anima a la gente a comprometerse. Pero si necesitas más dinero por adelantado, puedes establecer una tarifa entre 1,5 y 3 veces superior a la cuota mensual. Si lo haces, más gente aceptará y obtendrás más dinero por adelantado.

Elimina la tarifa después de que el cliente cumpla con el compromiso. Si alguien cumple con la totalidad de su compromiso y luego desea cancelar, se ha ganado la cancelación gratuita. No es válida para siempre. Esto hace que el trato sea justo.

Prefiero esta oferta para compromisos de un año o más. Cuanto más largo sea el compromiso, mejor funciona. Funciona especialmente bien con servicios que requieren mucho tiempo para dar resultados (SEO, inversiones, pérdida de peso, etc.). Mantiene a las personas comprometidas, incluso *cuando* se dejan llevar por sus emociones.

¿Tarifa **de cancelación por una causa?** Si quieres mantener a los clientes más motivados, podrías donar la tarifa de cancelación a una causa a la que ellos *odien*. Por ejemplo: "¿Qué causa detestas por completo? *Genial. Si cancelas antes de tiempo, donaré tu cuota de inscripción a esa* causa". Esto les da *dos* razones para quedarse. En primer lugar, porque no quieren gastar el dinero. En segundo lugar, porque no quieren que su dinero vaya a parar a una causa que detestan.

Puntos clave

- Las ofertas de exención de tarifas presentan una opción mensual con una tarifa de inicio o eximen de la tarifa si se comprometen.

- Normalmente, la tarifa es de 3 a 5 veces mi cuota mensual.

- Como mínimo, la duración del compromiso debe ser de un año.

- Cuanto mayor sea tu tarifa, más compradores optarán por el compromiso. Cuanto menor sea tu tarifa, más dinero en efectivo recibirás por adelantado.

- Si el cliente cumple el compromiso, la tarifa desaparece oficialmente.

UN REGALO PARA TI: Capacitación en video sobre la exención de comisiones

La exención de comisiones es muy, muy eficaz. Estoy deseando que la utilices y lo compruebes por ti mismo. Para que te sientas seguro al hacerlo por tu cuenta, he preparado un video en el que te explico cómo funciona. Como siempre, puedes verlo gratis en acquisition.com/training/money o, si lo deseas, puedes escanear el código QR. ¡Disfrútalo!

Conclusión sobre ofertas de continuidad

Lo único mejor que conseguir que alguien compre una vez, es lograr que vuelva a comprar.

Las ofertas de continuidad *proporcionan un valor constante por el que los clientes realizan pagos continuos hasta que cancelan.* Muchas empresas utilizan las ofertas de continuidad para atraer clientes por menos dinero. Sin embargo, esto reduce las ganancias en un plazo de 30 días, haciendo difícil la publicidad rentable.

Yo utilizo las ofertas de continuidad de otra manera. Las hago *durar más tiempo.* Empiezo con ofertas atractivas y rentables. Luego hago mis ofertas de venta adicional y venta descendente. *A continuación,* ofrezco continuidad. Y si aceptan, les vendo por una gran cantidad de tiempo o un producto con descuento. Luego, entran automáticamente en continuidad después de haber agotado su compra. De esta manera, gano aún más dinero *y* obtengo los beneficios de ingresos recurrentes de los demás clientes de continuidad.

Las ofertas de continuidad funcionan con recompensas o castigos. Yo prefiero las recompensas. Y dos de las tres ofertas de continuidad que he explicado las utilizan. Sin embargo, siempre habrá ocasiones en las que tenga más sentido un contrato más tradicional. En esas situaciones, me gustan las ofertas con exención de tarifa.

En la siguiente sección crearemos nuestro *Modelo de dinero de $100M* combinando los cuatro tipos de ofertas: ofertas de atracción, ofertas de venta adicional, ofertas de venta descendente y ofertas de continuidad. Pongámosle el broche final.

161

SECCIÓN VI:
CREA TU MODELO
DE DINERO

Cómo conquistar todo tu mercado

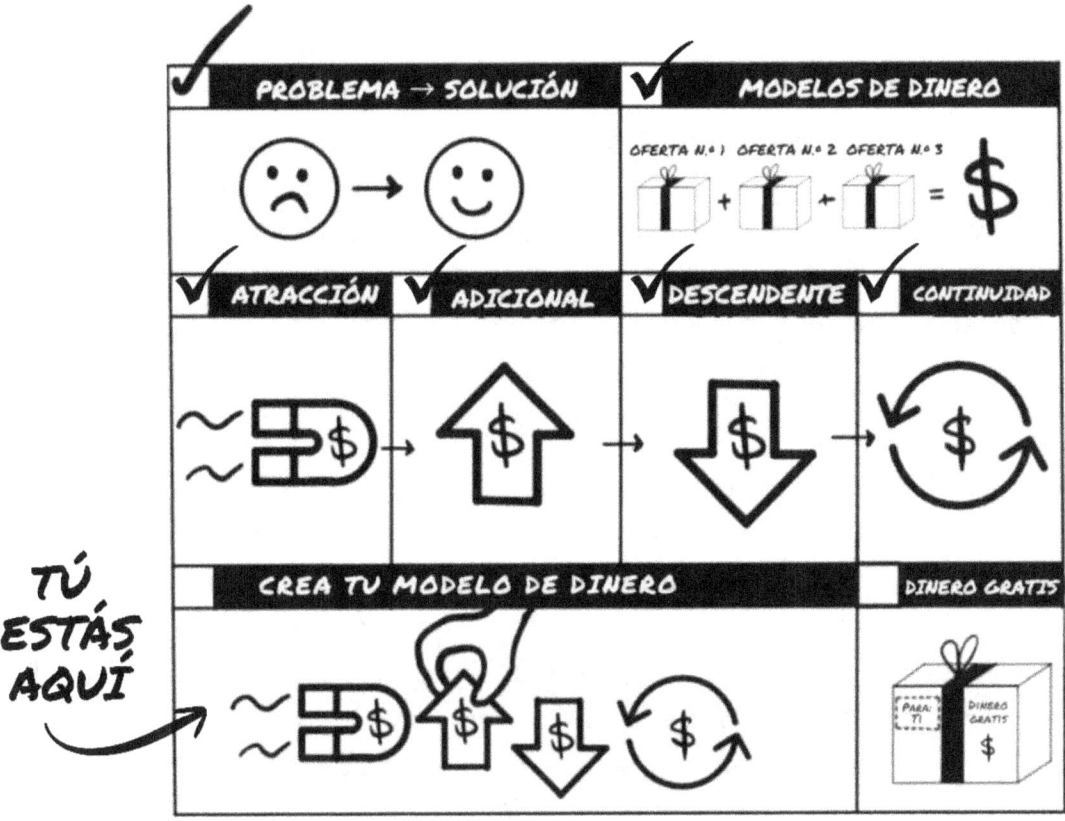

Repasemos la evolución del Modelo de dinero *de $100M de Gym Launch.*

Descubrí por casualidad el modelo de negocio de licencias de Gym Launch. Pasé de viajar por todo el país y llenar gimnasios a otorgar licencias de las herramientas que utilizaba para hacerlo. De esta forma, los propietarios de gimnasios podían hacerlo ellos mismos.

Mirando atrás, todo empezó con una <u>oferta señuelo</u>. Atraje a nuevos clientes con un montón de cursos gratuitos, libros, capacitaciones en video, capacitaciones en directo, etc. Todo esto relacionado con el crecimiento de un gimnasio. Cada producto gratuito incluía una llamada gratuita para ayudar a los propietarios de gimnasios a utilizarlo. Durante la llamada, ofrecía:

Mi *Oferta señuelo:* Ahora que tienes el plan, hazlo por tu cuenta de forma gratuita.

163

O…

Mi *Oferta premium:* Podemos ayudarte a implementar todo esto por $16.000 en 16 semanas.

Si elegían la opción premium, obtendrían un tesoro oculto de tácticas para ganar dinero. Tácticas que me llevó años descubrir. La gente compraba sin parar. ***En tres meses, mi oferta señuelo me reportó 476.000 dólares al mes****. Y no, no es un error tipográfico.*

Pero tenía un problema. Como solo tenía un producto que vender, sabía que mis ingresos se estancarían *rápidamente*. Necesitaba una venta adicional para aumentar los beneficios o Gym Launch se estancaría. Así que elaboré una oferta de venta adicional para los propietarios de gimnasios más avanzados. La llamé "Gym Lords" y le puse un precio de 42.000 dólares al año. Utilicé la <u>venta adicional clásica</u> para ofrecer manuales y servicios avanzados. Y una comunidad para compartir las mejores prácticas como <u>bonificación de continuidad</u>. Empecé ofreciendo un cuantioso *Descuento de 6.000 dólares* para quienes pagaran por adelantado. Muchos propietarios de gimnasios lo pagaron por adelantado con el dinero que yo les acababa de hacer ganar. A los que no lo hicieron, les ofrecí <u>un plan de pago con descuento</u>.

Si decían que no, les ofrecía un pago inicial de 10.000 dólares y el resto a plazos. Si volvían a decir que no, les ofrecía unos 800 dólares a la semana durante 52 semanas. Si *volvían a* decir que no, les decía que podían empezar gratis. Utilizaba un <u>descuento por continuidad</u> para adelantar el tiempo gratuito durante el tiempo que les llevara terminar de pagar la primera oferta. Luego, se integraban directamente a mi venta adicional de continuidad. De esta manera, sus pagos se mantenían continuos. ***Y así… La venta adicional clásica + La bonificación de continuidad + El plan de pago + El descuento por continuidad me llevó a ganar más de 1.500.000 dólares al mes.***

Tenía otra cosa que vender. ¡Guau! Y eso llevó el modelo de negocio de Gym Launch al siguiente nivel. Pero aún me quedaba trabajo por hacer. Aunque el proceso de venta adicional y venta descendente funcionaba bien, *algunos propietarios de gimnasios seguían diciendo que no.* Volví a empezar desde cero.

Se me ocurrió <u>un menú de ventas adicionales</u> más personalizado con diferentes niveles de servicio. Ofrecí publicidad hecha a medida. Ofrecí formación para el equipo de ventas. Ofrecí campañas llave en mano para ganar dinero rápido. Y, por último, ofrecí un paquete mínimo: acceso continuo a los materiales originales de Gym Launch *con asistencia técnica* por una tarifa mensual con descuento. Si no querían el paquete completo, utilizaba <u>las ventas adicionales de prestaciones</u> para encontrar la mejor opción para cada cliente. Casi todos se quedaron con algo.

Y, de repente, las ventas adicionales de menú y las ventas descendentes de prestaciones, me reportaron 2.300.000 dólares al mes. *Y todo eso en 14 meses.*

Entonces creamos Prestige Labs y lo integramos con Gym Launch. Un negocio totalmente diferente con su propio modelo de dinero. A los 20 meses, estábamos ganando 4.400.000 dólares *al mes*. Fue algo que nos cambió la vida. Y *solo* hicieron falta unos *cuantos productos realmente buenos* y un *modelo de dinero de $100M* para conseguirlo.

***

Nota del autor: Cuando empecé, no conocía nada de esto del Modelo de dinero. Solo parece sencillo en retrospectiva. Pero, espero que esto simplifique las cosas para ti y te haga ahorrar mucho tiempo respecto a cuánto me llevó a mí aprenderlo.

Descripción

Un modelo de dinero es *una secuencia deliberada de ofertas*. Es lo que ofreces, cuándo lo ofreces y cómo lo ofreces para ganar tanto dinero como puedas lo más rápido posible. Lo ideal es ganar suficiente dinero con un cliente como para conseguir y atender *al menos* a dos clientes más *en menos de 30 días*. Aunque rara vez parece claro, yo divido los modelos de dinero de $100M en tres etapas:

Etapa I: Obtengo dinero en efectivo: las ofertas de atracción consiguen más clientes por menos dinero.

Etapa II: Consigo más dinero: las ofertas de venta adicional y descendente permiten ganar más dinero con ellos más rápidamente.

Etapa III: Consigo la mayor cantidad de dinero en efectivo: las ofertas de continuidad maximizan el dinero total que gastan.

Divido mi modelo de dinero de $100M en estas etapas porque el crecimiento del modelo de dinero *va de la mano* con el crecimiento del negocio. En otras palabras, si intentas *iniciar* un negocio desde cero, por tu cuenta, con un modelo de dinero "terminado", este se derrumbará *sobre ti*. De hecho, *ninguno* de mis negocios comenzó con un modelo de dinero completamente forjado. *Todos* comienzan en la etapa I. ¡Incluso Acquisition.com! Según mi experiencia, los modelos de dinero evolucionan así:

- Primero, consigo clientes de forma confiable *y, a continuación,*

- me aseguro de que paguen de forma confiable *y, después*

- me aseguro de que paguen por otros clientes de forma confiable, *y luego*

- empiezo por maximizar el valor a largo plazo de cada cliente *y a continuación*

- gasto todo el dinero que puedo en publicidad para generar tanto dinero como sea posible.

Mis modelos de dinero se desarrollan de esta manera porque me aseguro *de que cada etapa financie la siguiente.* Seguimos mejorando cada etapa hasta que sea *confiable.* Además, esto significa que sea confiable financiera *y* operativamente. Así que te lo advierto: cuando tu modelo de dinero empiece a funcionar, tu negocio empezará *a desmoronarse.* Es parte del juego. Por eso te sugiero que busques a alguien que pueda crear y dirigir el equipo que haga realidad tu visión. Yo lo hice, y me casé con ella. Espero que tú tengas la misma suerte.

Nota del autor: Quiero dejarlo muy claro. Existen muchos modelos de dinero de $100M. ¡Me atrevo a decir que existe un modelo de dinero de $100M para cada negocio de $100M! Recuerda que muchos negocios ganan muchísimo dinero de muchas maneras diferentes. Yo solo muestro las formas en las que yo lo he hecho.

Ejemplos de modelos de dinero

Desglose del modelo de dinero de lanzamiento de *Gym Launch* (servicios)

Fase I. Oferta de atracción: oferta señuelo

Señuelo gratuito "hazlo tú mismo" vs. licencia premium de $16.000 "hecho contigo".

Fase II. Oferta de venta adicional: venta adicional clásica

Una vez que sabes cómo conseguir clientes, tienes que saber cómo conservarlos.

$42.000 al año ($36.000 prepagos) por servicios de negocios avanzados.

Fase II. Oferta de venta descendente: venta descendente con plan de pago

Oferta de venta descendente tipo balancín: *comienza con $10.000 de entrada y el resto distribuido en 52 semanas.*

Oferta de plan de pago final: *$800 por semana durante 52 semanas.*

Fase III. Oferta de continuidad: cierre con oferta adicional de menú + oferta descendente de prestaciones.

Paquete completo: $800 por semana

Prestación: Publicidad hecha a medida para ti: $300 por semana

Prestación: Capacitación diaria en ventas para gimnasios: $200 por semana

Prestación: Novedades sobre lanzamientos mensuales: $500 por semana

Prestación: Materiales originales con licencia y asistencia técnica: $100 por semana

Paquete mínimo: $100 por semana

Desglose del modelo de dinero de Micro Gyms (negocio local)

Fase I. Oferta de atracción: recupera tu dinero

Desafío de fitness en el que pagas por participar. Recuperas tu dinero si cumples los objetivos.

Fase I. Oferta descendente con plan de pago:

Pago fraccionado→ En 3 pagos→ Prueba gratuita con penalización

Fase II. Oferta de venta adicional: venta adicional de menú

No obtendrás los mejores resultados sin los suplementos adecuados.

Paquetes de suplementos: paquete grande personalizado según el objetivo

Fase II. Oferta descendente: reducción de prestaciones

Suplementos: paquete grande→ paquete pequeño→ suscripción mensual

Fase III. Oferta de continuidad: venta adicional renovable + Descuento de por vida

$50 de descuento al mes de por vida con un compromiso de 12 meses.

Boletín informativo (producto digital)

Fase I. Oferta de atracción: Prueba gratuita

$0 y luego $399 al mes después de 30 días

Etapa II y III: Venta adicional + Continuidad: Paga menos ahora/Paga más después + Descuento de por vida

Paga $297 ahora y mantén esa tarifa de por vida.

Nota del autor: Me encanta esta oferta. Es genial. Combina una prueba gratuita, "paga menos ahora/paga más después", descuento de por vida, y es una oferta de atracción, una oferta de venta adicional y una oferta de continuidad. Un monstruo de seis cabezas que genera dinero. Esto es solo una "muestra" de lo creativo que puedes ser al combinar todo esto.

Comida para perros (producto físico)

Fase I: Oferta de atracción: Compra X y llévate Y gratis

Compra cuatro meses de comida y llévate dos meses gratis

Fase II: Oferta de venta adicional: venta adicional clásica (*como la historia del coche de alquiler*)

¿Quieres recibir mensualmente→ juguetes para perros? → Vitaminas para perros?

Fase II. Oferta de venta descendente: venta descendente de prestaciones

¿Solo la comida premium entonces? No quieres nada más, ¿verdad?

Fase III. Oferta de continuidad: renovación automática tras la primera compra.

Después de seis meses, continúa mes a mes. ¡Cancela en cualquier momento!

Crea tu propio modelo de dinero

Paso 1) Comienza con una oferta de atracción. El objetivo es convertir a desconocidos en clientes y cubrir nuestros gastos. Por lo tanto, decide qué vas a vender. A continuación, piensa en la mejor forma de presentarlo. La sección "Oferta de atracción" contiene mis favoritas: "Recupera tu dinero", "Sorteos", "Ofertas señuelo", "Compra X y llévate Y gratis", "Paga menos ahora o paga más después". A continuación, *hazle publicidad.* Si consigues prospectos que se conviertan en clientes, vas por buen camino. Descubrir qué es lo que mejor funciona puede llevarte hasta un año. Si quieres saber más sobre publicidad, no te pierdas mi segundo libro, *"Prospectos de $100M".*

Paso 2) Elige una oferta de venta adicional. El objetivo es que las ganancias en 30 días superen con creces los costos de adquirir un cliente y entregarle tu producto o servicio. Recuerda que, una vez que resuelves un problema, aparece otro. Esos nuevos problemas también necesitan soluciones. Tú resuelves los problemas que crea tu oferta de atracción con ofertas de venta adicional. Así que elige la oferta de venta adicional que mejor se adapte al problema que resuelves y a cómo lo resuelves. En la sección "Oferta de venta adicional" te presento mis cuatro favoritas: la venta adicional clásica, la venta adicional por menú, la venta adicional por anclaje y la venta adicional por renovación. A continuación, haz tu oferta en el momento en que más la necesiten.

Paso 3) Elige una oferta de venta descendente. El objetivo es conseguir que los clientes que rechazaron tu última oferta acepten otra oferta. De esta forma, venderás *a muchas más personas* de lo que lo harías de otra manera, por lo que obtendrás más ingresos totales *con el mismo número de clientes potenciales.* La sección Oferta de venta descendente te muestra mis tres favoritas. Si deseas mantener el mismo precio, *cambia la forma de pago* con la venta descendente por planes de pago o pruebas. Si deseas cobrar menos, cambia *lo que obtienen* con la venta descendente por prestaciones. Y lo mejor de todo es que puedes alternar entre ellas en la misma venta. Cuanto más flexibles sean tus ofertas, más gente las comprará.

Paso 4) Elige una oferta de continuidad. El objetivo aquí es conseguir una última venta en nuestro plazo de 30 días y acumular ingresos recurrentes. Por lo tanto, intento incluir la continuidad en el negocio *a largo plazo*. Mis tres ofertas de continuidad favoritas son: bonificaciones de continuidad, descuentos de continuidad y ofertas de reembolso de tarifa.

A veces, el mejor momento para las ofertas de continuidad es *después* de los primeros treinta días, y eso está bien. *Es mejor hacer la oferta en el momento adecuado que intentar forzarla en el momento equivocado.*

Nota del autor: Las empresas que se financian con recursos propios deben conseguir clientes que les generen ganancias.

A menos que consigas inversores externos, comiences con una fortuna o tengas una fuente inagotable de clientes gratuitos, lograr un *modelo de dinero es la única forma de escalar de manera rentable.* De lo contrario, te quedarás sin efectivo y cerrarás el negocio antes incluso de tener una oportunidad.

Notas importantes

Perfecciona una oferta a la vez. Es tentador implementar todo el modelo de dinero de una sola vez. No lo hagas. Concéntrate en la fase en la que te encuentras. Elige una oferta. Pruébala. Sigue haciéndolo hasta que funcione de forma confiable. Luego, una vez que sea confiable, hazlo tantas veces hasta que se convierta en algo automático. *A continuación*, pasa a la siguiente fase.

La paciencia sigue siendo la forma más rápida de alcanzar tu objetivo. Por lo tanto, tendrás que medir en trimestres, no en semanas. Debes construirlo bien desde el principio, de lo contrario, deberás volverlo a construir. Y otra vez. Y otra vez. Reconstruirlo, por muy rápido que sea, sigue llevando más tiempo que construirlo bien de primera.

Incrementa los precios por etapas. Haz que las ofertas nuevas sean baratas al principio. Luego, a medida que obtengas respuestas positivas, aumenta el precio. Muchas respuestas positivas tempranas permiten obtener retroalimentación de los clientes y mejorar el producto. Luego, a medida que la oferta se vuelva confiable, comienza a aumentar el precio. Y sigue aumentando el precio hasta que no puedas compensar los "no" con el dinero extra que obtienes de los "sí". En otras palabras, sigue aumentando el precio hasta que ganes menos dinero.

Lo sencillo funciona, no lo compliques innecesariamente. Aprovecha al máximo lo que tienes. Recuerda, no se trata tanto de tener 100 productos que ofrecer, sino de tener 100 formas de ofrecer tu producto. Piensa en más formas de vender lo mismo, no en más cosas que vender. Si ofrezco entrenamiento personal, puedo ofrecer una, dos, tres, cuatro, etc. sesiones por semana. *Esto convierte un mismo producto en muchas ofertas diferentes.*

IMPORTANTE Los productos de afiliados pueden llenar los vacíos del modelo de dinero. Una relación de afiliado solo significa que vendes productos de otras personas a cambio de una comisión. Si no tienes nada que ofrecer y quieres iniciar un negocio, puedes ofrecer productos de otras personas. Si tienes una sola oferta y quieres añadir más ofertas a tu modelo de dinero, puedes ofrecer productos de otras personas. Si tienes un negocio de 100 millones de dólares y quieres ganar más dinero sin añadir complicaciones operativas, puedes ofrecer productos de otras personas. En resumen, siempre puedes ofrecer productos de otras personas en tu modelo de dinero. Aquí tienes algunos ejemplos:

- Servicio: Una agencia dental envía a sus clientes dentistas a un fabricante de aparatos ortopédicos. El fabricante les envía comisiones por cada cliente dentista que envían. Más dinero. Sin trabajo adicional. Voilá.

- Negocio local: Un masajista vende a sus clientes herramientas de masaje para el hogar, bandas de ejercicio, balones medicinales, etc., de otra empresa. El cliente paga a través del terapeuta y la otra empresa se lo envía directamente al cliente. Unas pocas palabras más. Mucho dinero extra. Sin prestar ningún servicio adicional.

- Producto digital: Un educador recomienda a sus clientes que utilicen un software específico de atención al cliente. La empresa de software envía al consultor una comisión por cada registro.

Convierte las ofertas de atracción en ofertas de continuidad con renovación automática. Esto lo convierte en un dos por uno. Por ejemplo, si haces una oferta de "Compra 6 meses y obtén 6 meses gratis", pueden pasar automáticamente a una suscripción mensual al final de los 12 meses. Esto te permite obtener los beneficios de las ofertas de atracción y continuidad. Un pequeño consejo con *grandes* implicaciones.

Puedes combinar las ofertas como quieras. Presento las ofertas de esta manera porque así es como yo las uso. Pero, si recuerdas, ¡aprendí muchas de ellas de personas que las utilizaban de manera diferente a mí! Muchas de estas ofertas se pueden utilizar *en cualquier lugar*. Puedes utilizar tácticas de venta adicional en tu oferta de atracción.

Puedes instalar un proceso de venta descendente con *cada* oferta. Puedes utilizar una oferta de continuidad para atraer nuevos clientes. No hay reglas. Puedes hacer lo que quieras. Te muestro las cosas de una manera, *pero espero que las utilices de otra.* Así que empieza con la forma que te sugiero. Luego, a medida que vayas mejorando, experimenta. Así es como aprendí estas cosas. Y así es como tú también las aprenderás.

Resumen

- Un modelo de dinero es una secuencia deliberada de ofertas.

- Los modelos de dinero tienen tres etapas: obtener dinero en efectivo (ofertas de atracción), obtener más dinero (ventas adicionales y ventas descendentes) y obtener el máximo dinero (ofertas de continuidad).

- Para crear tu propio modelo de dinero, comienza con una oferta de atracción. Una vez que te haya proporcionado clientes y dinero, añade una oferta de venta adicional. A partir de ahí, añade ofertas de venta descendente para que aún más personas compren. Por último, añade tu oferta de continuidad.

- No intentes implementar un modelo de dinero completo de una sola vez. Arruinarás tu negocio.

- No empieces más negocios solo para hacer más ofertas. No se trata tanto de tener 100 productos que ofrecer, sino más bien de tener 100 formas de ofrecer tu producto.

- Para vender más cosas sin iniciar 100 negocios, ofrece productos de *otras* empresas y *deja que ellas se encarguen de la entrega.*

- Las relaciones de afiliación pueden llenar los vacíos de tu modelo de dinero sin el dolor de cabeza de la entrega.

- Ofrece precios bajos para las nuevas ofertas, de esta manera obtendrás muchas respuestas positivas. Utiliza la retroalimentación de los clientes para mejorar tu producto. A continuación, empieza a subir el precio hasta que dejes de ganar más dinero.

- Un Modelo de dinero de $100M elimina el efectivo como cuello de botella para el crecimiento. Misión cumplida.

UN REGALO PARA TI: Crea tu propio modelo de dinero con una capacitación paso a paso

¡Uf! Hay mucho que aprender en este capítulo. También es, posiblemente, el más importante del libro. Por lo tanto, para asegurarme de que no te quedes atascado, he creado un video en el que explico este proceso paso a paso. Como de costumbre, puedes verlo gratis (sin necesidad de registrarte) en acquisition.com/training/money. O bien, puedes escanear el código QR.

Diez años en diez minutos

Lo mejor que puede hacer un ser humano es ayudar a otro a saber más. - Charlie Munger

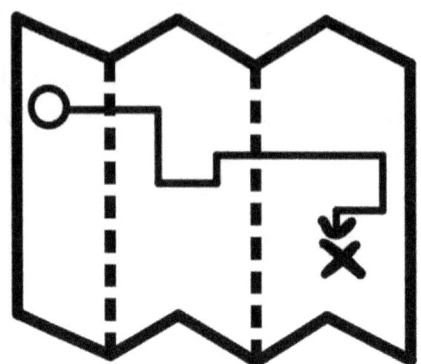

Dónde encajan los modelos de dinero en el gran esquema de las cosas

Mi primer libro, Ofertas de *$100M*, respondía a la pregunta: ¿Qué debo vender? Respuesta: una oferta tan buena que las personas se sientan estúpidas al rechazarla. Mi segundo libro, *Prospectos de $100M*, respondía a la siguiente pregunta lógica: ¿Cómo encuentro a esas personas? Respuesta: Haciendo publicidad. Este libro, *Modelos de dinero de $100M*, responde a la siguiente pregunta lógica: ¿Cómo consigo que *compren lo que vendo?* Respuesta: Con un modelo de dinero.

Lo que hemos tratado

Hemos cubierto muchos temas. Y creo que organizar lo que hemos aprendido en un solo lugar ayuda a asimilarlo. Por eso, he elaborado este resumen de lo que hemos cubierto y por qué.

1) Un **modelo de dinero** es una serie de ofertas diseñadas para aumentar el número de clientes que consigues, cuánto pagan y con qué rapidez lo hacen.

2) **Un buen modelo de dinero** *obtiene más ganancias de un cliente que lo que cuesta captarlo y atenderlo durante los primeros 30 días.* Eso es lo mínimo.

3) **Un modelo de dinero de $100M** *genera más ganancias por cliente que lo que cuesta captarlo y atenderlo durante los primeros 30 días,* lo que elimina el dinero en efectivo como límite para escalar tu negocio.

4) Los modelos de dinero tienen **cuatro tipos de ofertas**: ofertas de atracción, ofertas de venta adicional, ofertas de venta descendente y ofertas de continuidad.

5) **Las ofertas de atracción** atraen a los clientes ofreciéndoles algo gratis o con descuento. A menudo, también generan dinero ofreciendo una *oferta mejor* a un precio más alto. Hemos cubierto cinco.

   a) <u>Recupera tu dinero</u>: estableces un objetivo para el cliente *y* le dices cómo alcanzarlo. Si lo alcanza, entonces tiene derecho a recuperar su dinero *o* a recuperarlo en forma de crédito en la tienda.

   b) <u>Sorteos</u>: Anuncias la oportunidad de ganar un gran premio a cambio de la información de contacto y cualquier otra cosa que desees. Después de elegir al ganador, ofreces a todos los demás el gran premio a un precio con descuento.

   c) <u>Ofertas señuelo</u>: Anuncias una oferta gratuita o con descuento. Cuando el cliente potencial solicita más información, *también* le presentas una oferta premium más valiosa. La oferta premium incluye más prestaciones, ventajas, bonificaciones, garantías, etc.

   d) <u>Compra X y llévate Y gratis</u>: ofreces a los clientes productos gratuitos a cambio de que compren otros productos por dinero. Cuantos más productos gratuitos y mayor sea su valor, más comprarán los clientes.

   e) <u>Paga menos ahora o paga más después</u>: le das a la gente la opción de pagar el precio completo más adelante O pagar un precio con descuento ahora *y* obtener bonificaciones adicionales.

6) **Las ofertas de venta adicional** son cualquier cosa que ofrezcas a continuación. Normalmente, versiones más completas, mejores o más nuevas de lo que acaban de comprar. Estas te permiten ganar más dinero rápidamente. Hemos hablado de cuatro.

   a) <u>La venta adicional clásica</u>: ofreces la solución al siguiente problema del cliente en el momento en que este se da cuenta de él. ¡No puedes tener X sin Y!

   b) <u>Ventas adicionales de menú</u>: dices a los clientes qué opciones no necesitan del menú. A continuación, les dices qué es lo que sí necesitan *y* cómo obtener valor de ello. *No necesitas eso… necesitas esto.*

   c) <u>Ventas adicionales de anclaje</u>: primero ofreces tu producto más caro. Si el cliente se resiste, le ofreces una alternativa mucho más barata, pero aun así aceptable. *No te preocupes. Si no te interesa X, esto puede ser más adecuado para ti.*

    d) <u>Ventas adicionales por renovación</u>: le acreditas al cliente parte o la totalidad de sus compras anteriores para tu próxima oferta. *Como ya gastaste 500 dólares, te lo acreditaré para que te quedes un año completo.*

7) **Las ofertas de venta descendentes** son cualquier cosa que ofrezcas después de que alguien diga que no. Y al convertir los "no" en "sí", ganas más dinero. Hemos visto tres.

    a) <u>Ofertas de plan de pago a plazos</u>: Ofreces el mismo producto al mismo precio, pero el cliente paga una parte ahora y el resto a plazos. ¿Cuándo te pagan? *¿Qué tal la mitad ahora y la otra mitad después?*

    b) <u>Prueba con penalización</u>: Permites a los clientes probar tu producto o servicio de forma gratuita *siempre que cumplan tus condiciones.* Si lo hacen, tienen más posibilidades de convertirse en clientes de pago. Si no lo hacen, pagan. *Si haces X, Y, Z, te dejaré empezar de forma gratuita.*

    c) <u>Reducción de prestaciones</u>: Reduces los precios cambiando lo que obtiene el cliente. Ofreces alternativas de menor cantidad, menor calidad y menor precio, o eliminas por completo los componentes opcionales. *Si no te importa prescindir de la garantía, puedo rebajarte 400 dólares.*

8) **Las ofertas de continuidad** proporcionan un valor constante por el que los clientes realizan pagos continuos, hasta que cancelan. Estas aumentan los beneficios de cada cliente y te proporcionan un último producto que vender. Hemos hablado de tres.

    a) <u>Ofertas de bonificación por continuidad</u>: le ofreces al cliente algo increíble *si* se inscribe hoy. Por lo general, la bonificación en sí tiene más valor que el primer pago de continuidad. *Si te inscribes hoy, también obtienes XYZ,* algo muy valioso.

    b) <u>Ofertas de descuento por continuidad</u>: le otorgas un tiempo gratis al cliente, ahora o más adelante, si se inscribe hoy.

    c) <u>Ofertas de exención de tarifa</u>: Primero, le pides al cliente que pague una tarifa de inicio como parte de la inscripción en un programa mensual. A continuación, le ofreces un descuento sobre el importe *total de esa tarifa, si* se compromete a permanecer más tiempo. Si cancela dentro del plazo, paga la tarifa.

9) Creas tu modelo de dinero **paso a paso**.

    a) Una *vez que* consigues clientes de forma confiable, te aseguras de que paguen de forma confiable, *luego* te aseguras de que paguen por conseguir más clientes de forma confiable *y,* a continuación, empiezas a maximizar el valor a largo plazo de cada cliente. *Entonces,* imprimes todo el dinero posible.

Conclusión: La sabiduría resumida en estos puntos me han proporcionado más clientes gratuitos *y* rentables de los que podía imaginar y manejar. Si los pones en práctica, harán lo mismo por ti. Y con ello, el dinero ya no será un obstáculo para escalar tu negocio. Espero que este libro te ayude a hacer realidad tus sueños *tan a lo grande como te plazca.*

Además, como eres una de las pocas personas que realmente terminan lo que empiezan, quiero dejarte un regalo de despedida: algunas reflexiones finales que me ayudaron a superar momentos difíciles.

Reflexiones finales

No se gana confianza gritando afirmaciones frente al espejo: se gana confianza proporcionándote a ti mismo una serie de pruebas irrefutables de que eres quien dices ser. Supera tus dudas.

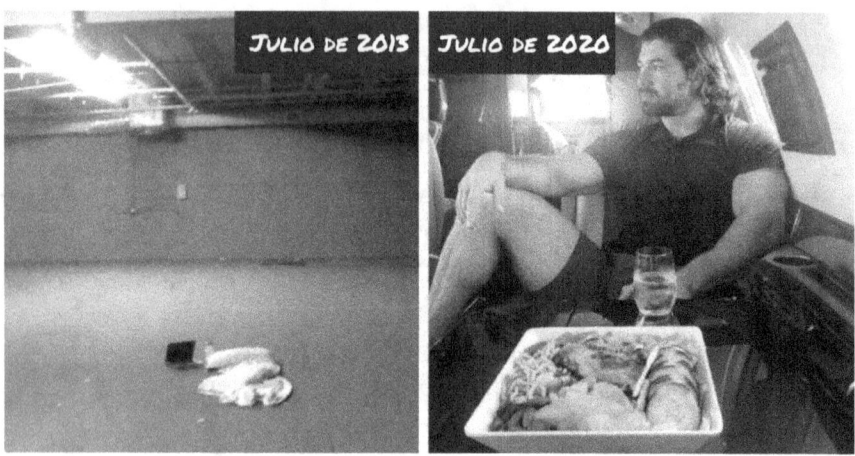

Una publicación real que hice el 25 de julio de 2020. *Antes* de que mi vida sea pública.

***

Leila tomó esta foto cuando no estaba mirando y pensé: "¡Vaya, parezco muy pensativo!".

En fin, esta fue la segunda vez que tomamos un jet privado.

Y… fue increíble.

Dicen que si te hundes con la nave, el cinturón de seguridad no te salvará.

En cualquier caso, quiero hablarte a ti, emprendedor que piensas que estas decepcionando a tus padres, pareja, amigos, falsos amigos y a todos aquellos que dudan de ti:

N.º 1: SOY TU MAYOR FAN.

N.º 2: Esto está a punto de ponerse serio, así que prepárate rápido.

N.º 3: No puedes perder si no te rindes. Solía repetirme eso una y otra vez cuando no quería seguir adelante.

Si te sientes desesperanzado… bienvenido al mundo del emprendedurismo. Si sientes que nunca lo lograrás… estás en el camino correcto. Si sientes que eres una decepción para todos tus conocidos… sigue adelante.

Porque al final del arcoíris no hay una olla de oro.

Estás tú.

El verdadero tú.

Has estado ahí todo el tiempo, susurrándote al oído: solo un paso más… una llamada más… una venta más.

Cuando digo que soy tu mayor admirador, es porque estuve ahí. Y te conozco, porque sé EXACTAMENTE cómo se siente eso. Tener un 100 % de confianza y un 1.000 % de dudas. Al mismo tiempo. Esto es todo lo que tienes que hacer:

Sigue adelante.

Sigue luchando.

Sigue mejorando.

Tu momento llegará.

El éxito es la única venganza.

***

Así que ahora mismo posiblemente te encuentres donde yo estaba cuando empecé. Trabajando en un ataúd de concreto, bajo luces fluorescentes cegadoras, deseando escapar. Posiblemente te sientas abrumado por todo lo que tienes que hacer para alcanzar el éxito. Pero, a pesar de esa incertidumbre, debes saber que todos los emprendedores, tanto del pasado como del presente, comparten esa carga contigo. Yo he pasado por eso. Ellos han pasado por eso. No estás solo. Comparto estas historias tal y como las viví para que puedas beneficiarte de ellas como yo lo hice.

Así que esta es mi promesa: sigue las lecciones y el dinero llegará.

Sé único.

Alex Hormozi, fundador de Acquisition.com

PD: Tengo algunos regalos para ti por terminar lo que empezaste.

Mis regalos para ti

Ñam, ñam, ñam.

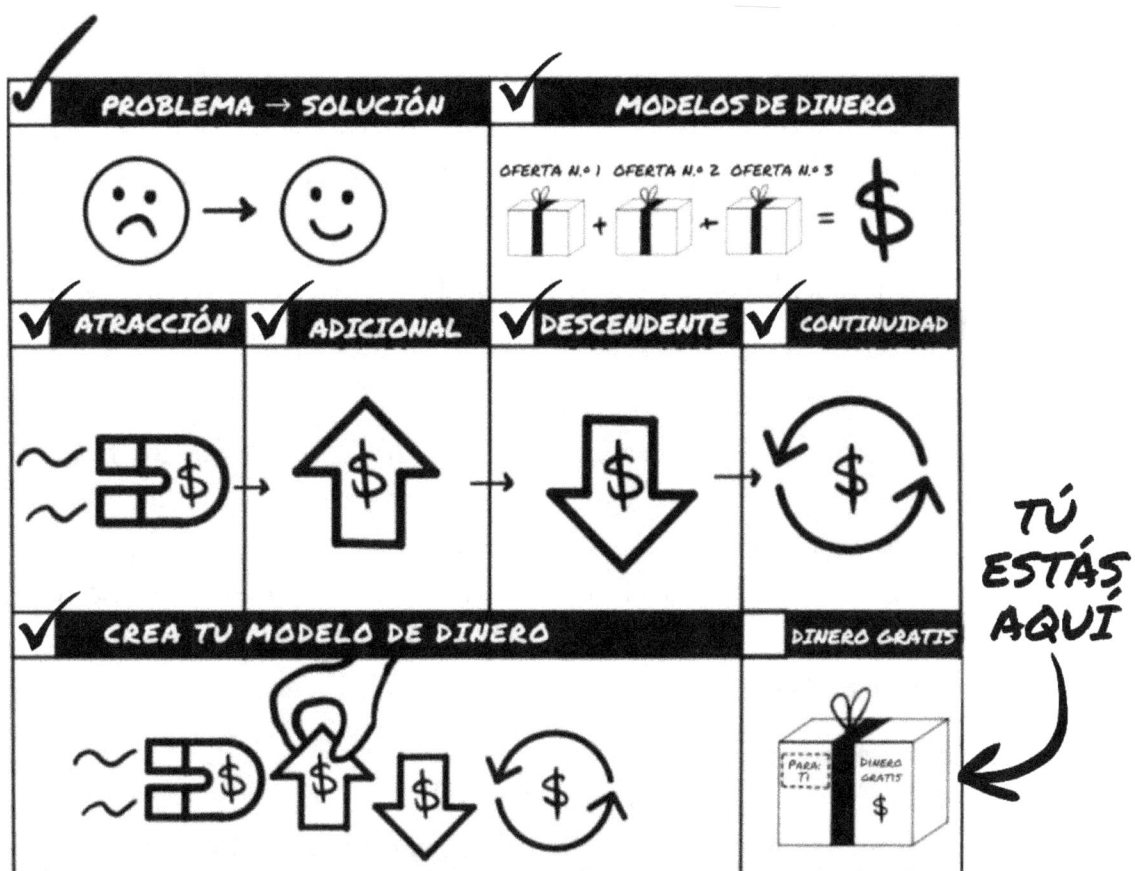

Esto es algo así como los avances que se ven después de los créditos Solo quería agradecerte por quedarte hasta el final y ofrecerte algunos regalos para ayudarte en tu camino:

1) **Si estás teniendo dificultades para definir a <u>quién</u> venderle**, he publicado un capítulo titulado "Tu primer avatar". Puedes conseguirlo gratis en **Acquisition.com/avatar**. Solo tienes que introducir tu correo electrónico y te lo enviaremos.

2) **Si te cuesta decidir <u>qué</u> vender,** puedes dirigirte a Amazon o a tu tienda de libros favorita y busca "Alex Hormozi" y *"Ofertas de $100M"*. Esto debería guiarte hacia el camino correcto.

3) **Si te cuesta <u>atraer el interés de la gente</u> por lo que vendes,** puedes dirigirte a Amazon o a cualquier otra tienda donde compres libros y buscar "Alex Hormozi" y *"Prospectos de $100M"*. Esto debería guiarte hacia el camino correcto.

4) **Si tu empresa tiene un EBITDA (ganancia) superior a 1 millón de dólares**, estaremos encantados de ayudarte a escalar. Me alegra mucho saber que hay empresas que han crecido mucho más y más rápido que la mía *porque han evitado los errores que yo cometí*. Si quieres que echemos un vistazo y veamos si podemos ayudarte, visita **Acquisition.com**.

5) **Si deseas trabajar en Acquisition.com** o en alguna de nuestras empresas, nos encanta contratar a gente en #mozination. Nuestros mejores resultados provienen de invertir en las mejores personas. Visita **Acquisition.com/careers/open-jobs** y podrás ver todas las vacantes disponibles.

6) Para obtener las **descargas gratuitas de los textos y videos de capacitación** que acompañan a este libro, visita **Acquisition.com/training/money**.

7) **Si te gusta escuchar podcasts y quieres escuchar más**, mi podcast, en el momento de escribir este artículo, se encuentra entre los cinco primeros en emprendimientos y entre los quince primeros en negocios en los Estados Unidos. Puedes acceder a él buscando "Alex Hormozi" en cualquier plataforma de podcasts. O bien, entrando en **Acquisition.com/podcast**. Comparto historias útiles e interesantes, lecciones valiosas y los modelos esenciales en los que me baso día a día.

8) **Si te gusta ver videos**, hemos dedicado muchos recursos a nuestra formación gratuita, disponible para todo el mundo. Nuestra intención es que sea mejor que cualquier contenido pago que haya en el mercado, y luego tú decides si lo hemos conseguido. Puedes encontrar nuestros videos en YouTube o en cualquier otra plataforma en la que veas videos buscando "Alex Hormozi".

9) **Si te gustan los videos cortos**, echa un vistazo al contenido breve que publicamos a diario en **Acquisition.com/media**. Verás todos los sitios en los que publicamos y podrás elegir los que más te gusten.

Y, por último, gracias de nuevo. Sé generoso y **comparte esto con otros emprendedores dejando una reseña**. Significaría mucho para mí. Te envío buenas vibras para tu negocio desde mi despacho. Paso mucho tiempo aquí, así que realmente son muchas vibras. Que tu deseo sea mayor que tus obstáculos.